西谷尚徳 著

社会で活躍するための
ロジカル・
ライティング

自己分析と文章力の養成

弘文堂

　　　　　　　はじめに

　大学生はレポートや小論文、エントリーシート（ES）など、多くの文章を書くことが求められます。文章を書く目的は、「単位を取る」「自分を理解してもらう」「合格する」などさまざまです。しかし、ここにはある一つの共通の基準があります。それは、**その目的が達成されるか否かの権限は読み手が握っている**ということです。読み手は時に大学の先生であり、就職志望先の採用担当者であり、あるいは会ったことのないだれかかもしれません。だからこそ、文章を書く際には、だれが読んだとしても、必要なことが伝わり、しかも他の文章よりも優れていると評価されるように心がけることが大切なのです。

　たとえば、就活における自己PR文やESなどにおいて、内容を評価する基準は読み手である企業側にあります。評価基準は一切公開されません。ちゃんと読まれているかどうかすらわからないこともあります。ですから、つい同じ文章を使い回してしまったり、模擬解答に近い内容にしたりということもあるでしょう。

　けれど、実はそこで頭一つライバルから抜き出ることは可能なのです。少なくともそう信じて文章表現に磨きをかけていくことでどんどん実力がついていき、必ず結果を出すことができるようになっていきます。

　社会人に必要とされる文章表現は、高校までの作文や小論文とは作法も内容も異なります。社会では、自ら問題を発見して意見を形成し、それについて論理的な説明ができる能力が求められていて、それができる人材が高く評価されます。そしてそのスキルの基礎になるのは、大学時代に学ぶ専門知識や、レポートなどの課題をこなす中で身につく思考力です。

　大学での学びは仕事に直結するとはかぎりません。しかし、決してム

ダにはなりません。なぜなら大学時代は専門知識を使って「考える訓練」をする時期であり、それが社会に出て活躍するための思考力や論理力を育ててくれるからです。

　文章表現はその最たるものです。文章を書くときには目先の目標だけでなく、ぜひ将来に向けての訓練のつもりで取り組んでみてください。

　筆者は年間800人の大学生の文章を添削しています。本書は、みなさんが大学生活、就活、そして社会人となってからも必ず役に立つ、高い評価を得られる文章を作成するためのスキルとポイントを、実例を示して解説していきます。用途や目的ごとに異なる文章作成のポイントを実例で理解し、ワークに取り組んで書いてみることで、考える訓練と書く訓練が同時にできるように工夫しています。

　繰り返しになりますが、みなさんの書いた文章を評価するのは読み手です。どのような課題に対しても、読み手の求める意図を汲み取り、的確に答えられるような文章を作成することが文章表現の目的です。ぜひ本書でそのポイントをつかみ、人生を切り拓く文章表現スキルを身につけてくださることを願っています。

平成28年3月

西谷　尚徳

序　社会で活躍するための文章力とは

1．大学生が求められている「社会人基礎力」[*1]

　みなさんは、21世紀が「知識基盤社会」と呼ばれているのを知っていますか。知識基盤社会（knowledge-based society）とは、21世紀における社会があらゆる領域において、その活動基盤として新しい知識・情報・技術の重要性を増すということです。今後の教育には、他文化を理解・尊重したうえでコミュニケーションをとることのできる力を持った個人を創造することが求められており、「先見性・創造性・独創性に富み卓越した人材を輩出すること」が高等教育の責務であるとされています（中央教育審議会答申「我が国の高等教育の将来像」平成17年）。

　ここでは、「知識基盤社会」が大学生のみなさんに求めている具体的な能力とはどのようなものなのかを考えてみましょう。そのカギは、厚生労働省が発表した調査結果「能力と採用可能性の相関」[*2]（下図）を見ること

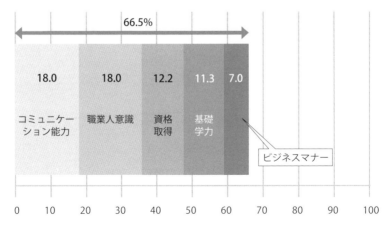

図　能力と採用可能性の相関（厚生労働省）

でわかります。この結果によれば、企業への採用の可能性を上げるためには、「コミュニケーション能力、職業人意識、資格取得、基礎学力、ビジネスマナー」の五つの能力を身につけなければなりません。回答した企業の半数以上が、採用に当たってこれらの能力を重視しているのです。

五つの能力は、「若年者就職基礎能力[*3]」（以下「就業力」）と言い、社会人の基礎的な能力であり、比較的短期間の訓練によって向上できるとされています。したがって、この就業力は大学生からでも習得可能であり、採用の可能性を66.5％まで高めるという結果も出ています。そのうち、もっとも割合の高い「コミュニケーション能力」と「職業人意識」の2項目がそれぞれ18％ずつ、計36％を占めています。つまり、この二つの能力を高めることができれば、採用の可能性も高くなり、就職しやすいことを示しているわけです。

本書は、この「コミュニケーション能力」と「職業人意識」の向上を中心テーマとして文章表現力を養っていきます。大学生から社会人までの過程で必要な文章表現力を養いながら、論理的思考力も向上させていくことができる内容なのです。

2．文章表現力は就職時や社会人になってからも役立つ

みなさんは社会人になるまでの過程で「コミュニケーション能力」と「職業人意識」を身につけることを期待されています。

みなさんは大学在学中に数多くのレポートや論文を作成することでしょう。加えて就職活動が始まると、エントリーシート（ＥＳ）の作成や小論文・作文試験も課されます。卒業論文を書かなければならない方もいるでしょう。

つまり、大学時代に経験する大小さまざまなターニングポイントにおいては、そのつど文章による表現力が求められているのです。その目的は、単に正確な文章が書けるだけではなく、「優れている」「感心した」と評価されることにあります。

ところが、文章を書くことが苦手になってしまう原因もここにあります。

評価されることを前提にしてしまうと「なにをどのように書けばよいかわからない」「減点されるよりは無難な意見の方が安全」と考えてしまいがちなのです。そこで本書は、「どのように書くべきか」と同じくらい「**書くためにはどう考えるべきか**」に重点を置いて説明しています。そのため、本書で取り上げている文章表現は、必ず提出する相手（読み手）を想定したケーススタディになっています。

　本書では、みなさんのキャリアプランに添った四つのコースを用意しました。すべてに共通していることは、「高評価されることを目指す」という目的意識です。ロジカル・ライティングは人生の目標に向かうみなさんの強い味方です。一生役に立つ文章力を獲得して、将来を切り拓いていきましょう。

＊1　社会人基礎力とは、「組織や地域社会の中で多様な人々とともに仕事を行っていく上で必要な基礎的な能力」です。経済産業省は、この社会人基礎力について、2006年から提唱しています。その内容は、「前に踏み出す力」、「考え抜く力」、「チームで働く力」の3つの能力（12の能力要素）から構成されており、「職場や地域社会で多様な人々と仕事をしていくために必要な基礎的な力」として、意識的に育成していくことが重要であるとしています。

＊2　若年者の就職能力に関する実態調査（平成16年1月29日）厚生労働省

＊3　就職基礎能力とは、厚生労働省によると「企業が採用に当たって重視し、基礎的なものとして比較的短期間の訓練により向上可能な能力」としています。その能力は、「コミュニケーション能力」、「職業人意識」、「基礎学力」、「ビジネスマナー」、「資格取得」の五つとし、事務・営業の職種について習得の目安としています。

社会で活躍するためのロジカル・ライティング ● 目次

はじめに　i
序　社会で活躍するための文章力とは　iii

第1章　作文コース
大学在学中や就職するときに役立つ作文力

Ⅰ．大学生に求められる「作文」の書き方を知る……………3
　1．意外と知らない作文の知識　3
　2．添削するとわかる作文の書き方　6
　3．説得するための大学生らしい表現　8

Ⅱ．大学生が求めるべき「文法」を身につける……………12
　1．接続詞の用法（基本編）　12
　2．「接続」の理論（応用編）　14

Ⅲ．大学生として「書き言葉」で書く……………15
　1．書き言葉を理解する　16
　2．注意したい婉曲表現　18
　3．知っておきたい推測・予測の表現　18
　4．文末表現を意識する　19

Ⅳ．自己分析で自分の内面を探る（自己探求パートⅠ）……………20

Ⅴ．無視できない基本的な文法……………23
　1．読み手に好感を抱かせる　23
　2．ポジティブな表現を心がける　24

Ⅵ．自分の内面を具体的に表現する（自己探求パートⅡ）……………27
　1．論理的に経緯を説明する　32
　2．客観的な説明を心がける　35
　3．協調性や社会性を意識して表現する　39

4．文末を整えて表現する　　43
　　　5．課題に具体的に答える　　45
Ⅶ．作文実践問題 ……………………………………………………53

第2章 レポートコース
ムダな減点をされないためのレポート作成力

Ⅰ．大学生として「レポート作成」の必要性を探る …………… 61
　　　1．レポートとは何か　　61
　　　2．なぜレポートを書くのか　　63
　　　3．レポートには何を書くのか　　66
　　　4．レポートで評価される理由　　66
　　　5．レポートを書くための意識　　69
Ⅱ．レポートのルール・作法を知る ……………………………… 70
　　　1．レポートの種類や形式　　70
　　　2．アカデミック・ライティングの作法　　73
　　　3．自分の文章をチェックする　　76
Ⅲ．レポートのまとめ方を知る …………………………………… 84
　　　1．レポートの構成を知る　　84
　　　2．アウトラインを作成する　　85
Ⅳ．ケーススタディ：学生のアウトライン例 ……………………87
Ⅴ．論証を用いてレポートを作成する …………………………93
　　　1．レポートを支える「主張」と「論証」　　93
　　　2．主張を補強する「根拠」　　95
　　　3．主張と根拠をつなぐ「論拠」　　96
　　　4．レポートで主張を認めてもらう　　99

- Ⅵ．検索機能の活用……………………………………………………………102
  - 1．テーマに関する概略的な知識を得る　102
  - 2．本格的に情報を収集し、論点を見つける　102
- Ⅶ．レポート・ライティング実践……………………………………………104
  - 1．レポート作成の基本的な推敲手順表　104
  - 2．作成した文章への批判的検証　105

第3章 ESコース
就職で頭ひとつ抜け出すためのES作成力

ES作成の課題チェック　109

- Ⅰ．ESの基準と評価………………………………………………………………112
  - 1．ESで書くべきことを考える　112
  - 2．ESの観点（評価）について考える　113
  - 3．ESの目的を考える　115
  - 4．ES作成の意図　116
  - 5．採用側のESの見方　116
  - 6．採用側の視点でESの価値を考える　117
- Ⅱ．的確な自己分析で自分と向き合う…………………………………………118
  - 1．ES作成前の自己分析で意識すべきこと　118
  - 2．自己分析の必要性　119
- Ⅲ．自分の内面を磨くための自己探求…………………………………………120
  - 1．ES作成のための自己分析　120
  - 2．自分の性格・タイプの評価チェック　123
  - 3．中・長期プランを作成する　PDCAサイクル実践のすすめ　128
  - 4．大学の授業で社会人基礎力を磨く　SIQスタディチェックのすすめ　138

Ⅳ．ESにロジカル・ライティング法を活用する……………………142
　Ⅴ．ES作成の経験を積む…………………………………………………145
　Ⅵ．ES作成の実践…………………………………………………………147
　　1．見られている点を意識する　　147
　　2．最低限用意すべき事柄を意識する　　151
　　3．惹きつける自己表現を意識する　　153
　　4．根拠を明確にすることを意識する　　154
　　5．自分に足りないものを補うことを意識する　　156

第4章　小論文コース
論理的思考を用いた小論文作成力

　Ⅰ．定期試験と資格試験の違い……………………………………………161
　Ⅱ．高評価を得るための三つの鉄則………………………………………162
　Ⅲ．小論文スキルアップのステップワーク………………………………165
　　1．情報収集　　165
　　2．問題分析　　167
　　3．構成整理　　168
　　4．文章理論化　　170
　Ⅳ．身近な議題で小論文を作成し、検証してみる………………………175
　Ⅴ．小論文作成演習…………………………………………………………187

　　おわりに　　197

第1章 作文コース

大学在学中や就職するときに役立つ作文力

I　大学生に求められる「作文」の書き方を知る

　みなさんは「作文」と聞くと、どのような文章を想像するでしょうか。たとえば、小学生のときに夏休みの宿題で書いた読書感想文、中学生のときに地元の職場を体験した職業体験文、高校になってクラスメートと意見を交わしたディベートでの賛成文（反対文）など、これまで体験してきた中での作文を連想されたのではないでしょうか。みなさんの身近にあったこうした作文は、いわゆる感想文に分類され、大学の先生や就職先の人事担当者が求めている「作文」[*1]とは異なります。まずはこのことを意識しておきましょう。

*1 実は大学生以上に求められる「作文」とは、学術的な作法に則った文章のことを指します。したがって、本著で示す「作文」を書くにあたっては、学術としての文章作法を身につけることが必要です。

1．意外と知らない作文の知識

> 大学生に求められる「作文」と今までの作文を比較しましょう。
> - ✗　主人公の〇〇は、すごく立派な少年だと思った。（読書感想文）
> - ✗　地元で酒造業を営むAさん、とってもかっこよくお酒を造っていた。（職業体験文）
> - ✗　僕は、Bさんの意見が私と同じ考えだから賛成である。それに、……（賛成文）

　上記の作文は、大学で書くべき「作文」としてはいずれも欠点がある文章です。このような文章を書いてしまうと、大学でも就職先でも評価されるどころか、減点の対象となることは間違いありません。それではどこに欠点があり、どのように推敲すればよいのか、次から一文ずつ分析してみましょう。

> **ワーク1-1 ▶ 添削問題**
>
> 次の作文を修正して、大学生が書くべき「作文」に直しましょう。
>
> 　主人公の○○は、すごく立派な少年だと思った。（読書感想文）
>
> **ヒント** 欠点は三つです
>
> ➡ 主人公の○○は、
>
> ＿＿＿＿＿＿＿＿＿＿＿＿＿＿＿＿＿＿＿＿＿＿＿＿＿＿＿＿＿＿

　上の文章は一見、間違っている文章には見えません。しかし、「作文」としては大きな欠点が一つあります。それは、**感情のみを記述している点**です。このような文章は、小説や物語に見られる文学的な文章作法です。感情的な表現が用いられているため、「作文」としてはふさわしくないと言えます。

ⅰ．明確な理由を述べる

　大学生が書くべき「作文」として完成させるためには、「なぜ立派だと思ったのか」という**理由を述べること**が必要です。この文章の場合は、たとえば「正装しているから」や「毅然とした態度をとっているため」と理由づけをするか、あるいはこの文章の後に「なぜなら……」と理由を述べる文章を付け足さなければなりません。

ⅱ．文末表現に気をつけて根拠を示す

　述語の「思った」という表現は間違いではありませんが、できる限り避けるようにしたいものです。たとえ、みなさんが思ったことだとしても、「考える（考えた）」という文末表現で締めくくるように（文中表現も）気をつけるとよいでしょう。述語を「考える」と結ぶためには、あなたがなぜ「立派な少年だ」と思ったのか、その思考の順序を説明する必要があります。つまり、**根拠を示す**ということです。たとえば「△△という理由で、立派な少年であると考えられる」と、だれもが立派だと感じられるように

（納得してもらえるように）根拠を示して述べるのです。

ⅲ．的確に伝わるように表現する

「程度」を表現するためには、ふさわしい言葉を用いなければなりません。ここでは「すごく」という表現を用いて程度を表しています。この表現では、稚拙と言わざるをえません。なぜなら、それは感想の表現だからです。適切に表現するためには、副詞を用います。副詞的語句の用い方として、程度を表現する場合は次の通りです。

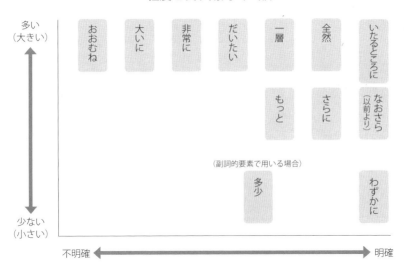

程度を表す副詞（一部）

◀ ワーク１−１ ▶ 解答例

主人公の○○は、△△という理由で立派な少年であると考えられる。
主人公の○○は、□□をしている。そのため、立派な少年であることがわかる。

2．添削するとわかる作文の書き方

ワーク1-2▶添削問題

次の作文を修正して、大学生が書くべき「作文」に直しましょう。

地元で酒造業を営むAさん、とってもかっこよくお酒を造っていた。（職業体験文）　　　　　　　　　**ヒント** 欠点は三つです

➡地元で酒造業を営むAさん ＿＿＿＿＿＿＿＿＿＿＿＿＿＿＿＿

＿＿＿＿＿＿＿＿＿＿＿＿＿＿＿＿＿＿＿＿＿＿＿＿＿＿＿＿＿＿

この文章は、文学的表現が多用されている文章です。

ⅰ．体言止めの禁止（Ⅲ-4参照）

大きな欠点部分は、「……Aさん、」が、「体言止め」になっている点です。体言止めとは、名詞（体言）で文章を区切ることを言い、文学的表現で多く用いる手法です。ここは単純に「Aさんは、……」として助詞「は」を用いなければ、文章（主語）として成り立ちません。体言止めは「作文」だけでなく、一般的に学術的な文章作法では（レポートや論文でも）用いません。

ⅱ．話し言葉の禁止（Ⅲ-1参照）

「とっても」という表現は問題があります。これは口語、つまり普段の会話で用いる表現です。そのため、書き言葉に直す必要があります。「とても」や「大変」とするのが妥当でしょう。あるいは、このような表現を用いなくても、「とても」や「大変」に相当する、程度がわかる表現に書き換えることもできます。

ⅲ．事実の提示（Ⅰ-3参照）

この文章を職業体験談として完成させるためには、**事実を記述する**必要

があります。そのためには、職業体験をしてきたという事実を明示しなければなりません。大学生が文章を書く際の初歩段階では、「事実と意見の区別がつかなくなる」問題に陥りやすいと言えます。みなさんが書き手として、事実なのか意見なのかを峻別して、明確に示すことで、読み手もみなさんの考えていることがはっきりと理解できます。

「事実」は、実際にあった事柄を示し、だれも否定することができないように記述しなければなりません。これは、虚偽の記載や作り話の記述をするのではなく、あった通り、起こったそのままを正確に述べるということです。そして、だれにも否定されない事実として認めてもらうためには、それなりの証拠や裏づけも必要になります。

もう一方の「意見」とは、ある問題について示す個人の考えのことを言います。「意見」を記す際に注意すべきポイントは、課題や対象についての考え方を明確に示せているかを確認することです。その際に、主観に頼りすぎないように配慮しながら段階的かつ論理的に述べるよう、充分な工夫を施す必要があります。この工夫とは、具体的に記述し、また論理的な順序にも配慮して説得力を高めることです。「意見」は、みなさんが考えた内容であるため、必ずしも客観的な文章になるとは限りません。そのため、この工夫の良し悪しが意見の正しさを左右することになります。みなさんの意見を読み手に正しいと判断させるためにも、具体性と論理性に富んだ「意見」を組み立てる必要があるのです。

iv．表現を見直す習慣づけ（Ⅰ-3参照）

この文章では、「かっこよくお酒を造っていた」という部分が主観に頼り過ぎた表現になっているため、どのように「かっこよく……造っていた」かが曖昧で、読み手にはその描写が伝わりません。この部分はより客観的に表現して、事実を認めてもらえるように改める必要があります。では、どのように直したらよいでしょうか。

ここで大切なことは、Aさんが「かっこよく」お酒を作る姿を、だれもが認めるように客観的に表現するということです。たとえば、「麹の出来

を見定めるために鋭い視線を送りながら」と挿入したらどうでしょうか。Aさんが真剣な眼差しで、熟練の業によってお酒を造っている姿が想像できると思います。このように、みなさんが実際に体験した状況を具体的な表現（読み手が描写できるよう）に改めることができれば、筆者が感じたAさんの「かっこよさ」を読み取ってもらえるはずです。

◀ ワーク1－2 ▶ 解答例

> 地元で酒造業を営むAさんは、麹の出来を見定めるために鋭い視線を送りながらお酒を造っていた。

3．説得するための大学生らしい表現

ワーク1－3 ▶ 選択問題

> 次の例文①と②のうち、作文として説得力の高い文章を選択してください。
>
> 例文①　私は○○市の住民サービスに満足していない。私の近所でも、不満があることを示す人が多かった。○○市は住民サービスのあり方について、見直す必要がある。
>
> 例文②　○○市民を対象とした△△調査によると、72％の市民が「住民サービスのあり方に不満を感じた」と回答している。○○市は住民サービスのあり方について、見直す必要がある。

正解は②です。例文①は、書き手の主観による感想が前提となっています。前提とは、あることを成り立たせるためのもとになる条件のことです。また、「近所」の聞き取り調査が客観的事実とは認められません。これでは、読み手に「本当に？」「だれもが不満とは限らないのでは？」と疑問

を持たれてしまいます。一方、例文②は、調査の結果が書き手の意見の根拠となっています。つまり、客観的データを提示しています。②の例文は、データによって証拠が示されているため、意見の説得性を高めていることがわかります。

　ここでの基準は、どちらの文章が「高い説得力を持っているか」ということです。実は、私たちが形成する「意見」の多くは、その説得力を高くすることができても、必ずしも「正しい」とは言い切れないことがあります。「より正しい」と伝えられるようにすることは可能ですが、「絶対に正しい」と意見を誇示することは難しいのです。そのため、文章を作成する上では、自分の考え方や既知の事柄に自信を持っている人ほど注意が必要です。なぜなら、読み手にとってみなさんの「意見」は、（他人が考えている内容だからこそ）わからない事柄であることが多く、不信感や疑問を抱かれやすいのです。

　「意見」は、自分の知識・考え方や推論から形成されることが多いと言えます。そのため、みなさんの価値観や意思などの主観的な要素が含まれることがあります。より客観的な意見にするために、**読み手が信頼できる根拠や理由、証拠などの説得できる材料を付与する**ことです。このような説得材料があって初めて「正しい」意見として認められます。例文①では、「意見」をあたかも「事実」であったかのように書いています。これでは、文章の信憑性だけでなく、書き手自身の信頼性も疑われることになりかねません。

　このように、文章の中では「事実」と「意見」をしっかりと区別し、混同させないように気を付けましょう。

ワーク1-4 ▶ 添削問題

次の作文を修正して、大学生が書くべき「作文」に直しましょう。

僕は、Bさんの意見が私と同じ考えだから賛成である。それに、……（賛成文）　　　　　　　　　　　　**ヒント** 欠点は三つです

➡ ＿＿＿。それに、……

　この文章は、会話の文章をそのまま書き写したもので、学術的な文章には程遠いという印象です。

　まず問題は、「僕」の部分です。男性の場合、自分自身についての呼称は、これまで「僕」や「俺」など、自分本位の表現を用いてきた人も多いでしょう。このほか、体育会系の学生がよく用いる「自分」もふさわしい表現とは言えません。「自分」は、客観的に「私」を指す場合に用います（例：「自分自身は」、「他者から見た自分」、「自分が指名される場合に」など）。文章表現で自分自身について呼ぶ場合は、一般的に「私」を用います。

　次に「同じ考えだから」の部分が問題です。当然ながら、読み手は「同じ考え」を知りません。たとえ「Bさんの意見」が同じ考えであったとしても、どこがどのように同じで、**なぜその意見に賛成と考えるに至ったのかという経緯**を、伝えるべき範囲で記述しなければなりません。

　「それに」は、ここでは指示語として用いられているようですが、誤った使い方です。そのため、解答例で「さらに」と直しています。

　指示語は、いわゆる「こそあど」言葉のことを指します。厳密には「これ・それ・あれ・どれ」の４種類です。一般的には、距離が近い箇所では「これ」、やや遠いと「それ」（この距離感は読み手に委ねられる）、遠い箇所は「あれ」、疑問を呈示する「どれ」という使い分けをします。しかし、このほかにも高度な使い方としての機能を発揮する場合もあります（次ページに関連問題）。

◀ **ワーク1-4** ▶ 解答例

> 私は、Bさんの意見が〇〇〇〇により、賛成である。さらに、……

「〇〇〇〇」の部分には、書き手が賛同するような**理由**を考えて書き入れます。この理由が、Bさんの意見に賛同した根拠になるのです。大学生としての作文では、このような最低限の説明をする必要があります。その説明は、文章に表すことで理解してもらえるように、ときには解説も含めて丁寧に書くことが求められているのです。

ワーク1-5 ▶ 説明問題

> 次の下線部の「それには」が指示する内容を具体的に説明してください。
>
> 　みなさんは、自分の大学の良さを他大学の学生に聞かれたときに、どのように説明するだろうか。私たちは、自校のことを知っているようで意外と知らない。他大学生に自大学の良さを教えたくても明確な説明が思い浮かばず、あいまいな説明をしてしまうことが多いのではないだろうか。<u>それには</u>、大学の歴史や大学案内を参考に知識として役立たせるだけなく、たとえば大学にあるパンフレット、あるいは大学に関する文献などで事前に調査しておくことで、解説が可能になる。
>
> ➡ _____
>
> _____

ここでの「それ(には)」は、文中に該当する内容が存在しません。本来、文中のどこかに指示する内容があるからこそ、指示語が用いられているはずです。おそらく高校までの国語では、文中を探れば指示語が示す内容が

あったはずです。しかし、上の問題のように具体的内容が文中に存在せず、読み手の読解力に委ねられる場合もあります。こうした場合は自分で要約する必要があるのです。

ワーク1-5▶解答例

大学生として、(他大学生に)自校のことを明確に説明するためには

Ⅱ 大学生が求めるべき「文法」を身につける

1．接続詞の用法（基本編）

みなさんが考えた経緯を適切に示す表現法の一つに、接続詞の用法があります。論理的な文章を書くためには、接続詞の用法を理解し、適切に用いることが大切です。また、接続詞を用いることは、みなさんの考えを読み手にわかりやすく伝え、順序よく理解してもらうための案内役としての機能もあります。

ワーク1-6▶穴埋め問題

次の文章の空欄に当てはまる接続詞を答えてください。

① 大学卒業後の進路は、中学校の教員、（ア、　　　　　）高等学校の教員を目指したいと考えている。

② 今日は講義に遅れてしまった。（イ、　　　　　）電車が点検により、遅延したためだ。

③ 講義のレポートを書くために、図書館で調査をしようと大学へ向かった。（ウ、　　　　　）図書館の開館時間には早すぎたようである。

④ 大学施設内では、だれもがどこでも気楽に勉強できるような利便性が必要である。（エ、　　　　　）カフェ内の座席数を増やすだけでなく、窓際や壁際に一人で座れる席を確保するべきである。

　接続詞は、語句と語句あるいは文と文とを関連させます。文章を論理的に作成するためには、接続詞を適切に用いることが欠かせません。そのためにはまず、接続詞について知る必要があります。接続詞の種類は、主に次の10通りがあります。

主な接続詞の種類と表現

① **順接**　前の文章が原因・理由（帰結）、後の文章がその結果である関係を表します。

　例）それで、それゆえ、そのために、その結果、したがって

② **逆説**　前の文章と後の文章とが対立している関係を表します。

　例）しかし、けれども、ところが、それなのに、だが（文中）、にもかかわらず（文中）

③ **並列**　前後の文章が対等に並んでいる関係を表します。

　例）また、かつ、および、ならびに

④ **添加**　前の文章に後の文章が付け加えられている関係を表します。

　例）そして、そのうえ、さらに、しかも、それに

⑤ **対比・選択**　前後の文章を比べたり、選んだりする関係を表します。

　例）一方、あるいは、または、もしくは、それとも

⑥ **補足**　後の文章が前の文章の補足説明である関係を表します。

　例）ただし、なお、もっとも

⑦ **理由・根拠・説明** 後の文章が前の文章の理由・説明・根拠である関係を表します。

　例）なぜなら、その理由は、というのは（文中）

⑧ **言い換え** 後の文章が前の文章の言い換えである関係を表します。

　例）すなわち、つまり、言い換えれば

⑨ **例示・比喩** 後の文章が前の文章の例示・比喩である関係を表します。

　例）たとえば、いわば

⑩ **転換** この接続詞を境に話題が転換することを表します。

　例）さて、では、ところで、それはさておき

　接続詞を効果的に用いるためには、一文を長すぎず短すぎず、適度な長さで作成しなければなりません。より良い（と評価される）文章を作成するためにも、長すぎない文章を接続詞で適切につなぐように意識するとよいでしょう。

◀ **ワーク1-6 ▶ 解答例**

ア、または　　イ、なぜなら　　ウ、しかし　　エ、たとえば

2.「接続」の理論（応用編）

　接続詞の応用として、段落や語句どうしをつなぎ合わせて論理を組み立てる用法があります。接続詞の応用的役割には、文章に表される内容を変移させることがあります。つまり、文章の前後をつなぎ合わせる道具としての機能があるということです。文章を論理的な構成にするためには、「接続」によって大きく変移された箇所を、段落の区切りとして考えることもあります。このような接続用法にも気をつけることで、文章の質は格段に

向上します。

接続詞の役割には、大きく次の四つがあります。

> **接続詞の役割**
>
> ① **話題の転換**　これまでの話の方向を他に転じさせるときに用います。
>   例）ところで、さて、一方、ときに
> ② **話題の反転**　これまでの話の方向を反対に、あるいは一転させたいときに用います。
>   例）だが、しかし、けれども
> ③ **話題の発進**　これまでの話の方向をさらに発展させたり、新たな方向へと進展させます。
>   例）ゆえに、だから、したがって、そこで
> ④ **補足と要約**　説明を補ったり、要約したりします。
>   例）また、そして、あるいは、すなわち、つまり

Ⅲ　大学生として「書き言葉」で書く

　大学生が「作文」を書く際には、**話し言葉（口語表現）**ではなく、**書き言葉（文語表現）**で書くことが大切です。その理由は、高校生までの文章作成とは異なり、自分の主張や意見をだれにでも認めてもらえるように述べること、そして大学生として「ふさわしい」報告をすることが求められているからです。大学生として「ふさわしい」とは、公的に認められる研究・報告の体裁に整えるということです。大学生は、実のところ研究者としての初学者という立場でもあります。みなさんは大学で研究者の卵としても期待されているのです。そのため、大学では自分が研究した経緯やそこから抱いた意見などを文章で示すのです。たとえ作文であっても、課題

に応じた答え方を研究初学者なりに打ち出し、公に認めてもらえる形にすることが必要です。そのためにはまず、書き言葉で表現することが求められています。

大学生が間違えやすい典型的な口語表現(話し言葉)として、次のようなものがあります。

× 「〜けど」　　➡　〇 「〜けれど」「〜であるが」

× 「でも」　　　➡　〇 「〜だが」「しかし」

× 「〜みたい」　➡　〇 「〜のよう」「〜のように」

× 「というか」　➡　〇 「〜というよりも」「ところで」

× 「とか」　　　➡　〇 「など」

× 「だし」　　　➡　〇 「〜であり」「〜であると同時に」

× 「全然〜できる」➡　〇 「全然〜ない」(否定・打ち消しで用いる)

※ この他にも、話し言葉と書き言葉とで表現が異なる言葉があります。

1. 書き言葉を理解する

みなさんは、普段の会話の中で、これまで何気なく使ってきた(知っている)言葉や表現を用いて相手に伝えようとしています。しかし、文章で表現する場合(大学生や社会人としての文章)は、必ず「書き言葉」を用いなければなりません。大学生が書く文章としての最初の課題は、「書き言葉」で書くことです。「書き言葉」で書くためには、普段から言葉遣いを意識して習慣にしておくことが大切です。みなさんがせっかく書き上げた文章でも、それが読める文章としては成り立っていないことがあり、本来伝えたい内容も相手に伝わらないといった問題が生じてしまうことがあります。

そのような失敗を避けるためにも、話し言葉と書き言葉との区別を理解しましょう。

ワーク1-7 ▶ 書き換え問題

次の文章の下線部五つの表現を、文章そのものの意味は変えずに適切な表現に直してふさわしい文章に改めましょう。

　先生に敬意をあらわす<u>のは</u>、決して自分を卑下すること<u>じゃない</u>。自分より優れた者がいることを認識し、自分を超えた人や自分より上の人に対して、畏敬の念を持つこと<u>なんだ</u>。このような意識は、以前の学生には、自然と各々の根底に<u>あったんじゃないか</u>。それもそのはず、義務教育段階では、学ぶ姿勢や構えができていない生徒は、容赦なく教室外に締め出された<u>みたいだから</u>。

　先生に敬意をあらわす＿＿＿＿＿、決して自分を卑下すること＿＿＿＿＿。自分より優れた者がいることを認識し、自分を超えた人や自分より上の人に対して、畏敬の念を持つこと＿＿＿＿＿。以前の学生には、自然と各々の根底に＿＿＿＿＿。それもそのはず、義務教育段階では、学ぶ姿勢や構えができていない生徒は、容赦なく教室外に締め出された＿＿＿＿＿。

　この問題は、主に文末表現を改める課題になっています。書き言葉で文章を書く際には、まず文末表現に注意することが大切です。次の解答例を見て、間違えやすい典型例を確認しながら、答え合わせをしてみましょう。

ワーク1-7 ▶ 解答例

　先生に敬意をあらわす<u>ことは</u>、決して自分を卑下すること<u>ではない</u>。自分より優れた者がいることを認識し、自分を超えた人や自分より上の人に対して、畏敬の念を持つこと<u>である</u>。以前の学生には、自然と各々の根底に<u>あったと考えられる</u>。それもそのはず、義務教育段階では、学ぶ姿勢や構えができていない生徒は、容赦なく教室外に締め出された<u>からである（ようである）</u>。

2. 注意したい婉曲表現

　話し言葉の典型例に、「婉曲表現」があります。婉曲表現とは、言葉や印象を和らげるときやはっきりとした断定を避けるときに用いる表現です。しかし、レポートや論文でこの表現を多用すると、信憑性の低い文章と評価されるので、使用に当たっては十分に注意しなければなりません。

　「婉曲表現」は、主に①表現を和らげる、②断定はしないが確信を持てる、③その判断が妥当である（と考える）、④断定できるが表現を和らげる、といった場合に用います。

婉曲表現の役割

① **表現を和らげる**

　　例）ようだ、だろう、であろう、ではないか、…と考える

② **断定はしないが確信を持てる**

　　例）ではなかろうか、ではないかと考える、…とも考えられる

③ **その判断が妥当である**

　　例）…と言えよう、…と考えられよう

④ **断定できるが表現を和らげる**

　　例）…と言わざるをえない、…と考えざるをえない

---

3. 知っておきたい推測・予測の表現

　婉曲表現に似た表現には、「推測」と「予測」があります。この表現は、考えを示すときや、展望や見通しなど先のことを示すときに役立ちます。推測と予測の表現は、主に七つの表現を用いて表すことができます。

> 推測・予測の表現 *2
>
> ① 未知のことや疑惑・疑念を持つ場合
>   例）…だろう、…であろう
> ② 予測・想定が可能な場合
>   例）…かもしれない
> ③ 自分の見解や根拠を示す場合
>   例）…のようである
> ④ 自分の知識から確信が持てる場合
>   例）…はずである
> ⑤ 強く確信・断言する場合
>   例）…はずである、…である
> ⑥ 副詞を前に置く場合
>   例）あるいは…かもしれない、たしかに…に違いない
> ⑦ 推測・予測の意図を言明する基本形
>   例）と考えられる、…と推測（予測）する、…と推し量ることができる、…と想像する

*2 表現上の注意として、受動体（客体的）「される」か、能動体（主体的）「する」かにも留意しましょう。

4．文末表現を意識する

　文末表現は、書き言葉に改める以外にも、**常体と敬体のいずれかに統一する**ということに注意しなければなりません。常体とは、「である」「だ」で文末を締めくくる書き方です。敬体とは、「です」「ます」で文末を締めくくる書き方です。まず、常体と敬体を使い分けることが大切です。作文では、常体・敬体のいずれも使う機会があります。たとえば、エントリーシー

ト（ES）や志望動機などの作文は敬体を多く用いるのに対し、講義のレポートや課題が出されて答える文章では常体を用いたほうがよいでしょう。これらを区別して表現するためには、どちらの表現がふさわしいか検討する必要があり、文章の形態や課題に応じて選択します。

そもそも文章を書くことは、読み手に対して何らかのメッセージを発信することです。書き手のメッセージがどんなに優れていたとしても、それが的確に文章で表現されていて、読み手に伝わらなければ、何の役にも立ちません。文章を書く前に、どちらの文末表現に統一すべきか（求められているか）を考えて書くようにしましょう。

Ⅳ 自己分析で自分の内面を探る（自己探求パートⅠ）

読み手に伝わる作文を書くには、①**自分と向き合うこと**、②**文章と向き合うこと**、という二つの作業が大切です。

①は、自分の考えている事柄に向き合い、自分自身を理解することに努めるということです。自分が何を考えているのかということをしっかりと理解していなければ、読み手に説明することもできません。また、自分が知っている、わかっていると思っていても、必ずしも明確に説明できるとは限りません。自分が考えていることを整理しないまま説明しようとした場合、何をどのように主張すればよいのかわからずに書いていることになり、結局言いたいことがまとまらない文章になってしまいます。

②は、書き上げた文章がどのように読み取られ、どのように伝わるかを考えることです。みなさんが読み手に理解してほしい内容をわかりやすく文章で表せるように、自分が書く文章と向き合わなければなりません。

まずは、自分自身と向き合うために次のワークを用いて、「自分の趣味・特技」について考えてみましょう。

ワーク1-8 ▶回想問題

自分の趣味・特技がどのように変わってきたかを、できる限り過去まで振り返り、文章で記入しましょう。

現在の趣味・特技

大学入学直後の趣味・特技

高校時代の趣味・特技

中学時代の趣味・特技

小学時代の趣味・特技

小学校入学以前の趣味・特技

大学生がレポートや論文などの文章作成を必要とされるのは、書かれた文章によって理解度や考え方が評価できる（しやすい）からでもあります。大切なことは、みなさんの考えた内容が読み手に伝わる文章として表現されているかどうかということです。次のチェックリストを参考にしながら、自分が書いた文章をもう一度チェックしてみましょう。

趣味・特技の表現文章チェックリスト

☐ ① （読み手に対して）簡潔で**わかりやすい文章**になっているか。
☐ ② **主語と述語**が記されていて、互いに呼応しているか。
☐ ③ **修飾語を適切に用いて**、理解できる表現になっているか。
☐ ④ **助詞を適切に用いて**、無駄のない文章になっているか。
☐ ⑤ （読み手が）**好感を抱く文章**になっているか。

---

① 文章は、読み手のために書くといっても過言ではありません。それは読み手が理解してくれなければ、書き手の目的が達成されないからです。文章とは、発信するための媒体であり、読み手に渡った後、その目的が達成されることになります。したがって、自分しか知らないような言葉や表現を並べたところで、読み手の理解が得られないので、目的を果たすこともできなくなります。

② 文章の基本は、一文で一つの意義を成すという点です。この基本に忠実に表現するためには、一文の中で主語と述語が呼応していることが条件になります。主語と述語の呼応を確かめる簡単な方法としては、主語と述語だけを引き抜いて直接つなげ、意味が通るかどうか確認してみることです。

③ 文章の質は、修飾語（修飾部）の使い方によっても左右されます。読み手への説明や説得には、修飾語を用いて詳しい情報を組み入れることが不可欠です。この修飾語の選択や順序によって、読み手の理解度

にも影響が出てきます。よりわかりやすい修飾語を選択することに加え、適切に入れ替えたり並べ替えたりすることで、文章を上質にします。
④ 助詞は、いわゆる「て・に・を・は」のことを言います。またそれだけでなく、「が・と・より・こそ・ので」などのように、言葉と言葉の関係を表す単語も指します。助詞は、接続詞と同じように文章の論理性を左右するもう一つの材料です。文章は、適切に助詞を扱うことでも、高い論理性を持たせることができます。
⑤ 文章作成では、読み手の受け取り方を考える必要があります。趣味・特技を文章で表現する場合、自分にとっては大切な趣味や自慢できる特技を持っていたとしても、読み手が好感を持てるような説明をしなければ書く意義がありません。自分にとって、その趣味・特技がなぜ必要で、どのような効果をもたらしているか、丁寧な理由付けを心がけ、さらにだれが読んでも好感を抱いてくれるように説明しましょう。

◀ ワーク1−8 ▶ 解答例　省略

Ⅴ　無視できない基本的な文法

1．読み手に好感を抱かせる

　作文あるいはレポートや論文を書くときに、文法の誤りは大幅な減点になります。その理由は、誤った文法を用いることが誤解を生む最たる要因になるからです。これはみなさんが感じているよりも切実な問題です。文法を誤ることは、読み手に理解されないだけでなく、みなさんの理解度や考えていること自体が誤解されることにつながります。さらに、読み手が文法の誤りに気付いたとき、それが文章の内容に悪影響をもたらしていれば、みなさんの教養や人間性さえも疑われてしまい（少し大げさかもしれませんが）、信用を失うことにもなりかねません。したがって、文法の用法を理解して正確な文章を書くことで、自分の意図が正確に伝えられるだけでなく、読み手から信用される結果につながるのです。

特に作文では、読み手が好感を抱くような文章を書かなければなりません。「好感を抱く」とは、みなさんの文章に対して、読み手が不快な思いをせず、内容に疑問を抱くこともなく、同意したり感心したりするということです。作文では、レポート・論文ほど学術的な要素が求められているわけではないため、みなさんの思いや考えを読み手に共感させることが目標になります。そのためには、読み手が感心してくれるように、なるべく負の要素を省いて表現することが大切です。

　読み手に不快な思いをさせないためには、まず反感（反論）を持たれないような文章にする必要があります。次の二つの文章を見比べて考えてみましょう。

> ① 私は、大学図書館の図書量の少なさに問題を感じている。大学生と言えども、研究を進めるためには、現状の図書量に**大きな問題がある**と考える。
> ② 私は、大学図書館と地域の図書館が連携することで、互いが管理している図書を質や量の両面から補い合うことが**可能になる**と考える。

　二つの文章を比べると、②の方が、問題点を改善するための提案を意見として打ち出せていることがわかります。さらには、前向きに解決策（対策）を考えていることが伝わってきます。

　①のように、たとえば文中で批判をする場合には注意が必要です。その批判があまりにも強かったり、反論でしかないと、読み手はみなさんの意見を理解する以前に、ただ不快になるだけです。批判をしたい場合には、問題点や理由を述べることが必然であり、さらに解決や改善を図るための提案も打ち出すべきです。

2．ポジティブな表現を心がける

　読み手に好感を持たせる文章にするためには、言葉を言い換える工夫が

大切です。つまり、読み手がポジティブになる（と感じ取れる）表現を選択することです。これは、ネガティブなエピソードや体験を書いてはならないということではありません。ネガティブな経験が、結果的にポジティブな意識や成果を生み出したのであれば、その内容は書く価値があると見なされます。ポイントは、読み手がどのように感じ取るかを意識することです。

では、読み手がポジティブに感じるような表現技法を身につけるために、次の問題を解いてみましょう。

ワーク1-9 ▶ 書き換え問題

次の文章のネガティブな表現部分を言い換えて、よりポジティブな表現を含む文章に改めましょう。

① 私は、大学生の頃、講義での説明をしっかり聞いていなかったため、レポート作成の体裁を間違えてしまった。その経験から、他人の話をしっかりと聞くように心がけるようになった。

② 私は、学生時代に多くの失敗を経験してきた。その中でも、管理栄養士の資格試験では、2回も不合格になった。その後、無事に資格を取得することができたが、今でもなぜ不合格になったのかが納得できず、不思議で仕方がない。

① この文章では、「説明をしっかり聞いていなかった」と正直に告白しています。もしかしたら、みなさんの中には、正直に告白することで好感を持ってもらえると考える人がいるかもしれません。しかし、正直な告白にも良し悪しがあります。①のように告白をする場合、**人からどのように評価されるか**、充分注意することが大切です。この観点から考えると、この告白はマイナスな印象を持たれやすいことがわかります。失敗談を語ることがすべて問題というわけではありません。どうしても失敗談を語る必要があれば、ネガティブな表現を避けて、悪い印象を抱かれないように、その後の意識の改善や成長の様子を語ることが大切です。

② 読み手は、書き手が貴重な経験の一つとして失敗談を選択したと受け止め、その失敗した経験からどのようなエピソードが語られているのかということに注目します。書き手は、経験談がターニングポイントとして必要不可欠で、かつ今に活かされている理由や根拠を示すべきなのです。

◀ **ワーク1−9 ▶ 解答例**

> ① 私は、大学生の頃、~~講義での説明をしっかり聞いていなかったため、~~レポート作成の体裁を間違えてしまった。その経験から、他人の話をしっかりと聞く~~ように~~だけでなく、**自ら率先して疑問や問題を解決するために学習すること**を心がけるようになった。
>
> ② 私は、学生時代に~~多くの~~一つの失敗を経験し~~てきた。その中でも、~~それは、管理栄養士の資格試験~~では~~のとき、2回も不合格になったことである。その後、無事に資格を取得することができ~~たが、今でもなぜ不合格になったのかが納得できず、不思議で仕方がない。~~その経験を現在に活かすことができている。

「物は言いなし事は聞きなし[*3]」ということわざがあるように、言葉や表現を多彩に使いこなせれば、表現の言い回しはいくらでも可能になりま

す。読み手に好印象を抱いてもらうためには、読み手にとって最善の表現を選択する努力を惜しまないことです。

*3 同じことを言うにしても、その言い方によって良くもなれば悪くもなる。逆に聞き方によっては受け取り方・感じ方もさまざまで変わってくること。つまり、書き方によって、良文にも悪文にもなるが、その判断は読み手にあるということ。

Ⅵ 自分の内面を具体的に表現する（自己探求パートⅡ）

　作文を書く作業は、「自分はいま何を考えているのか」「自分はこれから何をしていきたいのか」という自分に関する答えを探ることでもあります。自分の今や将来について具体的に語るためには、**文章作成を通じて自分に向き合うことが最善策**と言えます。その一つには、時系列で自分の過去を辿るという方法があります。時系列とは、過去―現在―未来といった時間の流れを指します。

　自分の内面を具体的に表現するには、辿ってきた経緯をさかのぼって振り返る作業を行うことが必要です。たとえば、「将来の夢」や「将来の進路について」という課題で作文を書くためには、過去の自分と向き合い、自己分析をします。

　自己分析では、「自分の過去の経験が将来目指したい何かと結びついたこと」や、「過去の出来事が成果を挙げるきっかけになったこと」など、時系列に沿って自問自答を行うことで「つながり」を探ります。この作業は、自分の目標や夢などと、過去の経験や意識、あるいは今持っている能力・資格などとを結びつけ文章に反映させることです。これによって、自分の過去を振り返りながら将来を見据えて、読み手にわかりやすく提示することができるようになります。そして、今の自分に何が足りないのか、これからどのような方向性で努力をしていけばよいのか、といった進路選択に応じた課題や問題意識が生まれてくるのです。

　では、次の問題で実際に自己分析を行ってみましょう。時間に余裕があればだれかと紹介し合ってみてください。

ワーク1-10 ▶ 自己分析問題

次の質問に対して、**他者に読んでもらうための解答**を考え、文章にしましょう。

① 先生や先輩、アルバイト先の上司など目上の人からアドバイスを受けたとき、感じたことは？

② 失敗したことや苦手な分野を克服するために、どのようなことをしていますか？

③ 友だちが悩んでいるとき、あるいは自分の悩みを友だちに相談するとき、気をつけていることは？

④ 最近、気になっているニュースは？

⑤ これまでの経験の中で、一番思い出に残っている出来事は？

⑥ 将来の進路志望と、そのきっかけになった出来事は？

① 先生や先輩の指導から「何をどう学んだか」を書くことによって、書き手の謙虚さや学び取る姿勢を見ることができます。自分が教訓を得た経験やそのときの態度について、思い出しながら書くとよいでしょう。

◀ ワーク 1-10 ① ▶ 解答例

> 　私は、アルバイト先の先輩から指摘を受けたことを理解するとともに、同じ失敗を繰り返さないよう心がけるだけでなく、「一を聞いて十を知る」が実践できるように努めています。

② 失敗談や短所に関するエピソードは、みなさんが自己分析しやすい項目と言えるでしょう。それは、みなさんが反省をすることで、改善をしようとしてきた経験があるはずだからです。このような質問では、書き手が「失敗をどのように受け入れているか」、「弱点や短所を素直に受け止め、克服のためにどのような努力をしているか」など向上心や意欲を見られています。またみなさんの解答からは、目標設定のしかたや達成するための意識を見ることもできます。

◀ ワーク 1-10 ② ▶ 解答例

> 　私は、大学 4 年時の教育実習で、準備の重要性を学びました。教育実習では、授業時の準備を完璧に整えたとしても、いざ授業をしてみると改善点や反省点が見えてきます。担当の先生のアドバイスのもと入念な準備を行い、本番に活かすための努力を怠らないようにしました。この経験が、今後どの仕事を行う上でも大切な教訓になると考えています。

③ 友人との関わり合いは、他者理解や協調性、またプライベートの過ごし方やストレスの発散法など、多くの要素が垣間見えます。読み手は、みなさんと周囲との関係やその様子を知ることで「客観的に考えることができるか」、「ストレスを発散するために相談できる相手がいるか」

といった社会性を見ようとしています。実際の悩みや解決のしかた以外にも、見られている内容があることを理解しておきましょう。

◀ ワーク1-10 ③ ▶ 解答例

> 私は、友人から相談されるときに、できる限り聞き役に徹するようにしています。相手の悩みを理解しながら、私自身の考えも交え、相手にとって最善策が導けるように心がけます。また、自分が同じような境遇になった場合の参考にもしています。逆に相談する際には、相手に理解してもらえるように、具体例や希望を明確に話すことを心がけています。

④ 時事問題への関心を持つことは、大学生として重要なことです。このような質問への対策としては、新聞やスマートフォンなどで日頃からニュースを閲覧することで、「社会性や時事への関心がある」、「良識的である」と評価される解答ができるようになります。

◀ ワーク1-10 ④ ▶ 解答例 省略

⑤ 思い出の残り方は人によってさまざまですが、ここでは、その思い出として刻まれた経験を説明するスキルを見られています。みなさん以外は知らないエピソードを、いかに論理的でわかりやすく説明できるか、試されているのです。ここでは、ただ単に自分の思い出を表現するのではなく、読み手に共感してもらえるかどうかを念頭において文章化するのです。そのためには、他者との関わり合いの中で協調性や社会性を身につけたとわかるエピソードにするとよいでしょう。そうすることで、みなさんの人間性や性格なども判断でき、さらに良い評価を得ることにつながるでしょう。

> **ワーク1-10 ⑤ ▶ 解答例**
>
> 　私の中で強く思い出に残っている経験は、中学校の修学旅行で京都に行ったことです。京都でのオリエンテーションでは、クラスのグループ6名で嵐山に散策に行きました。その数ヶ月前から、グループ全員で、図書館での文献調査や資料づくりを行いました。調査研究と実地研究との両面から勉強することができたことは貴重な体験となり、現在大学で研究の基礎を学ぶ中で活かすことができていると感じています。

⑥ このような質問は、自己分析で一番重要な項目です。みなさんは、自身の進路について本格的に悩み考える際に、その進路をどのような経緯で選択するに至ったのかを把握しておかなければなりません。進路選択について説明するためには、その準備として必ず進路選択に関係するきっかけを見出しておくことが大切です。「自分がなりたい職業は何か」「自分が希望している進路はどこか」を考える前に、「自分はなぜこの職業を希望しているのか」「自分はどうしてこの進路を望むのか」と自己分析に努めることが先決です。

> **ワーク1-10 ⑥ ▶ 解答例**
>
> 　私は、地元の○○県の人々が安心して暮らせる活力のある街にするために、地方公務員試験に合格し、公務員になりたいと考えています。それは、中学生のときの職業体験や大学時のインターンシップなどで、県民と直接かかわる仕事を経験し、県民の目線にも立てる行政職員としての役割を果たしたいと考えたからです。

　このような自己分析が問われるような質問は、面接やES作成の対策（就職活動）としても役に立ちます。

　大学生としての作文習得の目標は、まず自己の内面について、論理的に説明できる文章を書けるようになることです。しかし、ただやみくもに自分のことを説明するのではなく、読み手を納得させることを優先すべきで

す。ここでは、大学生らしい作文を書くために、いくつかの実践で学んでいきましょう。

1．論理的に経緯を説明する

作文では、**自分が考えていることを時系列で述べる**ことが大切です。

たとえば、「自分の将来について」という課題の場合、「私の将来の目標は……」とはじめに結論を述べてから、その後で内容を詳しく述べていく論法があります（3段構成、4段構成に関しては、pp.84-85参照）。しかし、ただ将来への希望だけを述べても、読み手に納得してもらうことはできませんし、自分の考えや思いの詳細も伝わりません。

そこで、自分の考えてきた経緯を振り返りながら、整理して述べることで論理的に説明することができます。

次の問題で自分の過去を振り返り、目標を持つようになってから現在に至るまでの経緯を整理してみましょう。その際、できる限り詳細を書くようにしましょう。

ワーク1-11 ▶思考整理

次の文章の空欄に、自分についての説明を記入しましょう。

① 将来の目標は、＿＿＿です。

② ①の目標のきっかけになったのは、＿＿＿です。

③ ②のきっかけで考えたことは、＿＿です。

④ この目標を達成するために必要なことは、_____
_____です。

⑤ ④を実現するために足りないことは、_____
_____です。

⑥ ④の実現のためにがんばってきたことは、_____
_____です。

⑦ ④の実現のために今がんばっていることは、_____
_____です。

⑧ ④の実現のためにこれからがんばることは、_____
_____です。

　上記のように一つずつ具体的に整理することは、論理的な作文を書くための初歩段階として役立ちます。以下、一つずつ解説しましょう。

　②は、みなさんが持っている目標に関して、その理由を探る質問です。論理的な作文にするためには、「なぜ、そのような目標を持ったのか」という理由を書く必要があります。この理由の内容が、作文の論理性に大きく関係します。みなさんが目標や夢などを述べるときには、その目標や夢などを抱くようになったきっかけとして、明確な理由を述べられるようにしましょう。

　③は、②で作成した理由について、その根拠を探る質問です。目標や夢などを述べる上では、理由と根拠が組み合わされて書かれていることが論理性を高める秘訣です。ここでの根拠の提示は、②の理由を「なぜ」「どうして」と追及することで、より具体化されます。読み手に納得してもらうために、事実や証拠を用いて、みなさんの目標や夢を正当化しましょう。

④は、目標を達成するために必要な過程を理解するための質問です。目標や夢を立てるとき、だれしも願望や感情が強くなってしまい、資格やスキルの必要性や具体的な経緯の調査を怠ってしまう傾向があります。たとえば、教員を目指すのであれば、必要資格とその資格を取得するまでの勉強プロセス、勉強に要する時間、試験や方法など、複数の必要事項を押さえておかなければなりません。また、企業への就職を希望する際には、その分野の業界研究や、志望企業の調査が欠かせません。ここで考えるべきことは、「なにを目指したい」ということよりも、「なにが出来るか」「目指すことが可能か」という現実的な問題です。これにより、将来設計を現実的に打ち出し、目標を明確にすることで、みなさんの内面を整理すると共に論理的な文章を作成することができます。

　⑤〜⑦は、過去から現在、そして未来に向けて自己分析をするための質問です。みなさんは将来へのプランを具体化させて、現実的に考えておく必要があります。読み手は、みなさんが将来についてどのように考えているかを知りません。したがって、文章で懇切丁寧に説明する必要があります。その際に注意すべきことは、自分の目標や夢と過去からの考えや思いとの一貫性です。時系列で追った自分の内面が、過去・現在・未来と一貫して結びついていなければなりません。このような自己分析の過程では、自問自答を繰り返す作業を行うため、時系列を確認して改めて気づかされることがあるかもしれません。

　⑧は、今後の展望として短期的なビジョンを確認する質問です。作文では課題が出され、それに対して答えることが求められます。その答えは、みなさんの内面や将来のことなどであるため、正解が一つではありません。そのため、みなさんが「これからどのように考えていくのか」ということも見られています。ただ単に努力したいという意思表示をするだけでなく、具体的に必要な課題や行動などを挙げて説明しましょう。

　ここでは「自分の将来について」という課題で自己分析を行いました。このような自己分析の方法は、他の課題でも自分の内面を見つけるときに役立ちます。作文での推敲[*4]の際に、応用できるようにしましょう。

*4 推敲とは、文章を練る作業のことです。書いた文章を読み返して、表現や内容をチェックし、必要があれば修正します。

ワーク1-11 ▶ 解答例　省略

2. 客観的な説明を心がける

　作文では、自分の内面を表現する際に、願望や感情が強く主張されてしまうことがあります。この原因は、自分の主張が強すぎて、読み手を意識しないことが挙げられます。典型例は、「○○がしたい」「△△になりたい」といった表現などです。このような願望や感情は、主観に頼り過ぎた「感想文」になりがちです。

　推敲は、自分が書いた文章をだれに対しても理解してもらえるように整える大切な作業です。その際、読み手目線でよりわかりやすく、より論理的な文章になるように組み立てていきます。

　作文は、たとえ自分のことについて書く課題であっても、自分だけが理解できる文章ではいけません。常に読み手に理解してもらうことを目指して、客観的な視点を持った推敲を取り入れ、文章作成に取り組むことを心がけましょう。

　次の問題では、文章における客観化と客観的視点での推敲の訓練をしましょう。

ワーク1-12 ▶ 校正問題

次の主観的な表現を客観化させて、作文にふさわしい表現に改めましょう。

① 私は、一人でいることが好きである。
➡ _____

② 大勢の人の意見をまとめ、一つのことを決定することは大変で面倒くさい。
➡ _____

③ 試験に不合格だったのは、勉強する時間がなかったせいである。
➡ _____

④ 私は立派な人間ではないので、他人に誇れる長所はない。
➡ _____

⑤ 今の情報化社会では、新聞はもう必要ないのではないか。
➡ _____

　①では、「一人を好む」という排他的な表現を用いています。作文では、マイナスな印象を抱かれるような表現はできるだけ避けるべきです。ただし、どうしても述べる必要がある場合は、「一人の時間を大切にしている」や「一人でいるときの〇〇が有意義である」というように、一人で行うことを選択している意志（必要性）を表現するとよいでしょう。

◀ ワーク1-12 ① ▶ 解答例

　私は、一人でいる時間を大切にしている。

　②では、人の意見を集約することを敬遠している様子が読み取れます。多数意見を集約する能力は、社会人として必須のものです。このような表現は、自分の短所をさらけ出しているだけと読み取られてしまい、読み手

に悪い印象を与えてしまいます。あえて「大変で面倒くさい」ことを伝えたいのであれば「一つのことを決定する」ために、具体的に考えたこと（あるいは実際の行動）を提示したいものです。たとえば、「大変で面倒くさい」ことを解決するために工夫したことや、他人には真似できない自分の取組みなどを書くべきでしょう。

◀ ワーク1-12 ② ▶ 解答例

> 大勢の人の意見をまとめ、一つのことを決定するためには、多くの意見を吟味しながらバランスを整える必要がある。

③では、試験で失敗したエピソードがつづられています。問題は、試験での「自分の失敗」をあたかも「時間がなかったせい」にしている点です。体験談を書く場合には、成功や失敗にかかわらず、経験したことへの反省や分析が必要です。この文章のように、主観に頼りすぎる意見や自分を省みない分析が書かれていると、読み手は過去の体験から成長していない（そのような意識がない）と判断します。作文の中では、悲観的な表現や反省のエピソードは、メリットが読み取れないようであれば、読み手の印象を悪くするだけなので、そもそも書かない方が賢明でしょう。ここでは、試験で不合格になった理由の分析やそこから活かされたことなどを謙虚な姿勢で述べるべきでしょう。

◀ ワーク1-12 ③ ▶ 解答例

> 試験に不合格だったのは、自分が勉強する時間を確保しなかったためである。（その経験は、私に時間の大切さや使い方を改善させるきっかけになった。）

④では、謙虚な姿勢を前面に出せているように読み取れます。しかし、この文章では、書き手の前向きな姿勢がまったく見られないため、かえって長所がないと読み取られてしまいます。文章表現では、謙虚さを見せる

ために自重して述べることや、自己を控えめに主張することは大切なことです。ただし、度が過ぎてしまうと（あるいは、補足する説明がないと）、まったく自信がなく、自己主張ができないと判断されてしまいます。もし、この文章のように、「立派な人間ではない」ことを自分の長所として前面に出したいのであれば、「他者を理解する努力をしている」や「謙虚な姿勢を持つように意識している」などと表現するとよいでしょう。

◀ ワーク1-12 ④ ▶ 解答例

> 私はまだまだ立派な人間ではないと感じているので、日頃から謙虚な姿勢を持つために、……といった工夫をしている。

⑤では、社会情勢について問題意識を提起する内容になっています。大学生には、このように社会問題や時事問題に関心を持ち、意見を述べることが多く求められるでしょう。しかし、ただやみくもに思ったことをそのまま述べればよいというものでもありません。みなさんは、パソコンやスマートフォンから情報収集を行えるため、新聞は必要ないと考えたことがあるのではないでしょうか。新聞はみなさんにとっては身近な情報収集媒体ではないかもしれませんが、一般的な情報ツールとしてはテレビや新聞の利用率が高いことが総務省の調査で明らかになっています。自分の身近な事情だけにとらわれず、社会一般にも目を向けて考察してみることが大切です。

◀ ワーク1-12 ⑤ ▶ 解答例

> 現在の情報化社会では、新聞・メディア・インターネットなど、情報媒体それぞれの特長や利点を活かして、利用者の目的に合った情報収集をする必要がある。

優れた文章を作成するためのプロセスを大切にしよう！

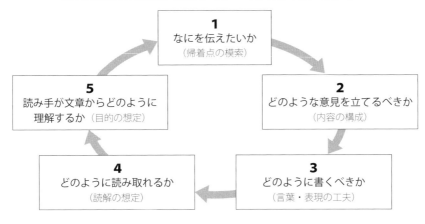

3．協調性や社会性を意識して表現する

　作文の典型的な失敗の一つに「自己主張のみ」で終わってしまうという問題があります。

> 例①　私は、学生時代に○○の経験をしてきました。その中で、忍耐強さを学びました。
> 例②　部活動で礼儀の大切さを学びました。

　例文では、「忍耐強さ」や「礼儀の大切さ」といったキーワードがあり、一見欠点がないようにも読み取れます。このような文章は、自己主張する際にだれもが考えやすい表現と言えます。ここで注意したいことは、これらの長所（キーワード）が、実は他者との関わり合いの中でこそ、その真価や成長を見ることができる点を認識すべきということです。

　そのように考えると、「忍耐強さ」は、勉学やスポーツにかかわらず、置かれた環境の中で他者と関わり合うことで学びうる能力であることがわかります。また「礼儀」も、他者がいることで初めて伝え合うことができます。たとえ自分だけで養ってきたと考えている能力や長所だとしても、

実は他者との関わり合いの中で学び得られていることが多く、作文ではその関係を意識して表現することが大切です。そうすることで、読み手の印象を良くするだけでなく、みなさんが他者や社会と協力・協働できている様子を表すことができるのです。

　基本的に、作文は自己を表現するために書く文章です。しかし、そこには「**どのように**他者や社会と関わり合いながら**自己**を発揮してきたか」を示すという暗黙の前提条件が求められていて、他者との関係の中で自己が啓発されていてこそ、自己主張として認められます。したがって、作文では、「自分がどうあったか」「これからどうあるべきか」という内容に、「他者や社会との関わり合いの中での自分」を加えて書くことが大切です。

ワーク1-13 ▶校正問題

下線部の自己主張がされている文章を「他者と関わり合っている」ことがわかるように改めましょう。

① 私は高校時代、吹奏楽部のパートリーダーを務めた経験があります。高校入学から念願であったソロパートを勝ち取ったときには、練習を人一倍積んだことが実り、演奏ではだれにも負けないという自信を持つことができました。

② 大学では、学業とアルバイトとの文武両立を実践してきました。長期休暇中には、友人からの誘いを一切断り、自分にとって優先すべき学業だけに集中して取り組みました。その成果もあって、交友関係はほとんどないが、何事も自分一人で判断し、決断する能力がついたと自負しています。

③ 私の座右の銘は、努力と挑戦です。大学時代には、何度同じ失敗をしようと、先生や先輩にやめろと言われ続けようと、<u>自分の信念を曲げずに正しいと考える努力</u>をし続けました。また、他の人がやりたがらない勉強や仕事でも、<u>まずは失敗を恐れずに挑戦すること</u>を意識して取り組んできました。

④ 私の長所は、普段から他人の意見を聞き入れられることです。大学2年時のグループでのプレゼン発表では、<u>仲間が争いごとにならないように、全員の意見を取り入れること</u>に気を配り、<u>満足がいくような発表をすること</u>ができました。

　①では、吹奏楽部でのエピソードの中で、ソロパートをあたかも自分の実力のみで「勝ち取った」と読み取ることができます。吹奏楽に限らず、このような団体活動では、代表一人を選出する場合には、少なくとも顧問の先生の判断や部員の理解（選出された後も）があるはずです。つまり、周囲の理解が必要不可欠なのです。内心では、ソロパートを任されたことを「勝ち取った」と思うかもしれません。しかし、自分の実力だけが選考理由ではないという謙虚な姿勢も見せることが大切です。たとえば「選ばれた」や「選出された」というように表現するとよいでしょう。くれぐれも誤解を生むような表現で、読み手に「協調性やリーダーシップに問題があるのではないか」という疑念を持たせないことが重要です。また、このような表現では、過剰な競争心を持っていて、自信や能力を誇示しているようにも見られかねません。

◀ ワーク1-13 ① ▶ 解答例

➡に選ばれた
➡部員全員の代表であるという自覚とやり遂げたことで自信を持つことができました

②は、勤勉さや実直さが伝わってくる文章です。文章からは、学生時代に文武両立を実践してきたことまでは評価できます。しかし、この表現では交友関係が一切ないようにも読み取ることができます。これは、その後の「交友関係がはほとんどない」という部分からでも明らかです。そのため、書き手には社交性がなく、コミュニケーションを要する事柄について問題があると判断されかねません。また「何事も自分一人で判断し」という部分も問題があります。自分一人で判断する力は、たしかに社会人として大切な能力です。しかし、一方で社会人になれば、一人の判断ではどうにもならないことも出てきます。そこで大切になるのは、他者の意見に対してどのように耳を傾けるかということです。この文章では、もしかしたら他者の意見に聞く耳を持てないのではないかと誤解をされる可能性があります。

◀ ワーク1-13 ② ▶ 解答例

➡ときには友人からの誘いに動じずに、その時々でやるべきことの判断を下しながら行動しました
➡少ない交友関係でも、深い付き合いをしながら、自分一人の時間も大切にしたことで

③は、他者の意見をまったく聞き入れずに、「我が道を歩んできた」ようにも読み取れます。そのことから、同じ失敗を繰り返しても、考え方を改めることができず学習能力がないと疑われる可能性があります。自分が「正しい」と考えたことであっても、それ以外の意見や行動が正しいと判断されることもあるはずです。つまり、自分の「正しいと考えたこと」が絶対ではないということです。「正しいと考えた後の努力」や「失敗を恐

れずに挑戦すること」は、だれもが認める長所です。しかし、絶対に信念を曲げない意固地な性格、あるいは他者の意見を聞き入れない姿勢と読み取られたとすると、不合格材料になることは必至ですので注意しましょう。

ワーク1-13 ③ ▶ 解答例

➡ 他者からの指摘を受け入れながらも、自分の信念は大切に努力
➡ 失敗を恐れずに挑戦しつつ、同じ失敗を繰り返さないように

　④では、長所について書かれていて、他人の意見を聞き入れることができるという、一見評価できそうな文面に見えます。問題は、プレゼンの目的を見誤っていることです。文章では、「仲間が争いごとにならない」ように「全員の意見を取り入れること」と表現され、プレゼンの目的が「仲間の機嫌取りをしながら、意見のすべてを反映すること」にすり替わっています。プレゼンの目的は、どのような場合も、基本的には発表者の主張を聞き手に理解してもらうことです。したがって、発表者が満足することも大切ですが、聞き手の満足が得られるような発表をするということを強調した方がよいでしょう。このような表現では、「自己主張をしない消極的な一面がある」と判断されかねないので注意しましょう。

ワーク1-13 ④ ▶ 解答例

➡ 全員の意見をまとめながら仲間との協働を図ること
➡ 聴講者が理解でき、お互いにとって充実した発表をする

4. 文末を整えて表現する

　文末表現は、みなさんの意図する表現を適切に伝え、次の文章へと円滑に移行するために欠かせない表現技法の一つです。みなさんが日常的に考えることや判断したことも、この文末表現によって的確に伝えることが可能になります。

判断したことを伝える場合は、文末表現によっても調整できます。判断の文末表現では、「確信（断定）→判断→同意」の順に弱くなる機能を持ちます。以下、それぞれの意味・用法を確認しましょう。

> **判断の文末表現**
> ① 確信（断定）
>   例）〜と断言する、〜と断定する、〜に違いない、〜である
> ② 判断
>   例）〜と見てよい、〜と考えてよい、〜と判断できる、〜と言える
> ③ 同意
>   例）〜ようだ、〜だろう、〜ではないか、〜と考える、〜ではなかろうか、〜と言えよう

提案の文末表現は、主に二つの意味で用います。①はじめに提案の意図を述べる、②文末で意図を明かす、の2種類です。この選択によっては、受け手の印象が変わるので、違いをはっきりと押さえた上で、正しい選択をすることが大切です。

> **提案の文末表現**
> ① 必要や義務を述べる
>   例）〜必要がある、〜義務がある、〜なければならない
> ② 勧める
>   例）〜と見てよい、〜と考えてよい、〜と判断できる、〜と言わざるをえない
> ③ 当然を示す
>   例）〜が当然である、〜べきである

④ 否定する
　例）〜ものではない、〜べきではない、〜してはならない
⑤ 希望や要求を伝える
　例）〜してもらいたい、〜していただきたい、〜を望む

5．課題に具体的に答える

　作文で大切なことは、読み手の意図や求める内容を的確に捉え、その目的に沿った文章を書くということです。その際のポイントは、①**社会や企業の常識がどういったことなのかを常に把握する（しようとする）こと**と、②**書くことで何を求められていて、どのような解答（文章）を書くことで感心（評価）されるのか**、という2点です。

　①は、一般常識や社会で話題になっている問題の論点を理解しておくことです。ここでのポイントは、キーワードを取り上げて深く考えてみることです。たとえば、「高齢社会」という社会問題の場合、「少子高齢化のため、高齢者の人口が増加する」という単純な意見では不十分です。「高齢社会」を考える上では、年金や介護の問題（社会保障）や雇用の問題など、さまざまな要因を考えていくことが求められます。

　そのように考えるとなると、みなさんが普段認識していること（常識だと思い込んでいること）だけでは、充分とは言えないことがわかります。そのため、社会に目を向けて、社会動向や一般常識を調べて理解する必要があるわけです。つまり、自分の知識や考え方を一般常識や社会に合わせるために勉強しなくてはならないのです。

　②は、作文全般で求められる最重要事項です。その典型例は、志望動機やESなどで必要になります。たとえば、「どのような公務員になりたいと思いますか（公務員像）」という質問に対して、「信頼される公務員になりたい」という主旨の文章を書くとします。

i. 自分の将来像を考える

　この課題例では、単に「信頼される」ためにどのようにしていくかを考えるのではなく、まず「公務員として信頼されるためには、何が必要なのか」ということを考えなくてはなりません。

　さて、みなさんはどのような文章を考えるでしょうか。

ワーク1-14 ▶ 作文問題

　みなさんが普段考える「信頼」は、おそらく特定の他者から信頼されることであり、そのために誠意を示すことや誠実に対応すること、あるいは約束を守ることなど、プライベートでの関わり合いでの「信頼」を指すことが多いでしょう。しかし、「公務員として信頼される」となると、特定の他者や個人的な付き合いで信頼されることとは違います。また、単に社会人（職業人）として信頼されるような働き方をすればよいというものでもありません。公務員の信頼とは、（広義では）少なからず公務員として同僚の信頼はもちろんのこと、地域住民や企業などと協働して、公共の利益を実現することに対しての信頼を得なければなりません。

　このように、公務員としての立場で考えると、単純に「信頼」というキーワードだけでも、みなさんが普段意識しないような「信頼」が必要になることがわかります。このように視点や視野を変えて考えていけば、「信頼される公務員になりたい」という考えを的確に表現することができます。

> **ワーク1-14 ▶ 解答例**
>
> 　公務員としての信頼を得るためには、地域の人々と協働し公共の利益を実現していくことが必要であり、そのために責任の意識を持つことが大切である。

ⅱ．自分の経験を振り返る

　では、もう一つの例題で考えてみましょう。たとえば「一番心に残っている思い出は何ですか」と問われるケースでは、どのような文章を考えますか。

ワーク1-15 ▶ 作文問題

　このような質問でも、（②と同様に）どのようなことが求められているのかということを考える必要があります。読み手は、みなさんにとって楽しい出来事としての「思い出」を期待しているのではありません。間違っても、「家族旅行」や「卒業旅行」などの思い出を語らないようにしたいものです。質問の意図は、それまでの意識や行動が変化したり、改善しようと思った出来事を知ることです。つまり、「気付き・きっかけ」としての思い出です。したがって、どのような出来事で、どのようなきっかけを得られたのかを述べなければなりません。

> **ワーク1-15 ▶ 解答例**
>
> 　高校在学時に恩師が教えてくれた「一人の生徒である前に、一人の人間であれ」という言葉が心に残っています。生活指導をしていた恩師は、

> 私生活を規則正しく送るよう指導してくれるだけでなく、校外や社会にも目を向けることで人としてのあり方を考えるよう教えてくれました。

　このように、**作文を書く際には、常に自分の経験と、読み手の意図を考えて目的に応じたバランスを整える**ことが大切です。

　作文の課題は、どうしても抽象的な内容が多くなります。それは、みなさんの経験や考え方を知りたい目的があるからです。たとえば、学生時代を振り返って述べるもの（過去）、今の自分について述べるもの（現在）、これからの考え方やビジョンについて述べるもの（未来）というような内容です。また他にも、大学での専門分野の知識を問うものから、社会状況や政策を問うものなどもあります。いずれの場合も、課題に関する問題意識を探し出し、自分の視点や考え方を文章で表現するというものです。これらの課題を作成する側は、あえて漠然とした課題を課すことで、みなさんの視点や考え方を存分に引き出そうとしているのです。このような読み手の意図を理解した上で、具体的に答えるための視点と考え方を持つようにしましょう。

ⅲ．自己の内面を答える実践例

　次の問題では、いくつかの課題に対する答えを模索し、文章を作成しましょう。

ワーク 1-16 ▶ 概要問題

> 次の課題（地方公務員試験で過去出題）が出された場合、どのような文章を作成すればよいでしょうか。それぞれ概要文[*5]をまとめましょう。
>
> [*5] レポート・論文の概要をまとめた文章のことです。「はじめに」や「序文」を指します。概要文では、主題・根拠・主張を明確にし、この三つの要素を入れることで、文章全体の大まかな内容を示します。この概要文をさらに詳しくまとめるためには、①問題の背景を調査する、②根拠に基づき、自分の意見を深める、③自分とは異なる意見に着目し、根拠に基づいて批判する、④自分の意見を明確に主張するために補強する、と段階を追って説明します。

① 私を成長させた出来事について（吉川市／23年度）

② あなたが今までに一番力を入れたことについて（三鷹市／21年度）

③ 最近感動したことについて（松原市／25年度）

④ あなたが一番大切に心がけていることについて（宝塚市／20年度）

⑤ 私の夢について（東大和市・地方公務員試験／24 年度）

　①のポイントは、影響を受けたエピソードやそこから学んだ（成長した）事柄を答えることです。みなさんは成長してきた過程において、自分の周囲の人・もの・情報・時間・環境など、関係した経験から影響を受けているはずです。仮に、影響を受けたと意識していなかったとしても、そのときの思いや気づいたことなどがあり、自分を成長させる材料になっているはずでしょう。課題の「成長させた」とは、みなさんが外的な要因をどのように取り入れ、どのように消化・吸収しながら成長をしてきたのかというストーリーを指しています。つまり、読み手は、社会の一員と感じられるような成長エピソードを期待しているのです。

ワーク 1-16 ①▶解答例

　私は、大学時代に先生から「大学は利用するためにある」という言葉をいただきました。それから私は、時間を見つけて図書館に足しげく通い、何時間もこもって勉強しました。私は、先生の言葉からきっかけを与えてもらい、困難であっても未知の環境に勇気を出して自ら足を運ぶことで、自分を成長させることに気づくことができました。

　②のポイントは、力を入れた方法や工夫、成果などの詳細を簡潔に述べることです。読み手は、「今までで一番力を入れたこと」そのものを知りたいのではなく、一番力を入れる理由や必要性、そこから生み出された成果などを知ることで、性格や意識、考え方などを知ろうとしています。そ

して、課題にある「一番」とは、読み手にとって「一番」であることを意味しています。大切なことは、みなさんが力を入れたエピソードの順位を知らせることではなく、どのように努力を行えるかということを読み手に伝えることです。

◀ ワーク 1–16 ② ▶ 解答例

> 高校 3 年時に、体育祭でのダンス披露に一番力を入れました。私は、3 学年を合わせた 200 名近くの代表者として、ダンスの振り付けからフォーメーションに至るまでのすべてに関わりました。特に力を入れたのは、ダンスの技術や細かい動き方の指導ではなく、全体のフォーメーションを理解させるために時間と会場を確保し、200 名全員に指導する機会を設けることでした。その結果、金賞を受賞することができました。この経験から、本番へ向けての計画性や集団でのリーダーシップのあり方を学びました。

③のポイントは、読み手の共感が得られるように表現することです。感動エピソードを書く場合の注意は、その大半が過去の個人的な話題の紹介やそのときの心情などの説明になりやすいという点です。そのような文章は、読み手にまったく理解できない自慢話になってしまいます。そこで、読み手に感動が伝わるように、普遍的な内容で共感を得られるように書く必要があります。また、話題としては、時事関連や社会的なニュースにつなげることも工夫の一つです。感動を表現するためには、みなさんのエピソードの中から「喜怒哀楽」のいずれかにまつわる内容を選択しなければなりません。またその選択した内容から、何を感じて何を得たのかも忘れずに述べましょう。読み手は、冷静な状態で何も知らずに読むため、興奮や感情の高ぶりなどの過激な表現は避け、客観的視点で述べるように心がけましょう。

◀ ワーク 1–16 ③ ▶ 解答例

> 私が最近感動したことは、高校の後輩が吹奏楽コンクールで金賞を受

賞したことです。私が高校在学中は、銀賞を取ることしかできませんでした。卒業する際には、後輩たちに私たちの記録を超えるようにと叱咤激励しました。その翌年、金賞受賞を後輩からのメールで知らされ、「先輩の念願を果たしました」という言葉に、私は思わず涙してしまいました。

④では、慣習化している日常的な心がけの意識化が求められています。さらには、習慣にしている理由や根拠も見られています。課題からは、自分の中で心がけていることを述べればよいようにも見えます。しかし、「大切な心がけ」というくらいですから、読み手にも大切であると感じ取ってもらわなければなりません。そして、みなさんが他者や社会とつながり合っている内容であることが不可欠です。なぜなら、自分にとって大切なことは、なんらかの形で自分以外にも影響を与えることで初めて価値が見出されるからです。大切にしている心がけが人との関係や社会と結びついていることを、読み手にも認めてもらえるように書きましょう。

◀ **ワーク1-16 ④▶ 解答例**

私が習慣の中で大切にしている心がけは、時間を作り出すことです。たとえば、自分が行うべきことを計画的かつ迅速に済ませることで、空き時間を確保することができます。また通学時間や友人との待ち合わせでも、空き時間を有効活用することも心がけています。私は、この意識を持った取組みが空き時間を作るだけでなく、さまざまな成果にもつながると考え取り組んでいます。

⑤は、みなさんの自由な夢を語ることが求められています。ただし、夢と言っても現実的に叶えられる目標を提示して、それを叶えるためのプロセスや努力の方向性、また考え方や意識していることなど、ビジョンを述べます。ポイントは、時系列に沿って、(1)努力してきたこと、(2)現在努力していること、(3)これから努力しようと考えていること、という順序で述べることです。中でも、夢に向けた取り組みや意識を具体的に説明すると、読み手もみなさんのビジョンが理解しやすいでしょう。

ワーク1-16 ⑤ ▶ 解答例

> 　私の夢は、高校の教員になることです。理由は、私が高校のときに所属していた野球部の監督に影響を受けたからです。恩師は、文武両道の精神を公言するだけでなく、実際に試験期間では勉強を優先させるなど、判断力と行動力を養うよう指導してくれました。私は、恩師から教わった教育と、一人の社会人としての姿を見習い、教育者を志すようになりました。

Ⅶ　作文実践問題

　本章の実践問題では、課題に応じた作文を作成します。三つの課題で共通していることは、自己探求をして文章作成をするということです。

　それぞれの課題は似たような形式に見えていながらも、書くべき内容が異なるので注意が必要です。同時に、読み手が求めている内容や質問の意図も課題によって異なるので、書くべき事柄を押さえつつ、内容を整理しながら記入しましょう。

> **記入上の注意**
> ① 文章に一貫性を持たせるために、書きたい内容をつなげるように意識する。
> ② 社会から見た自分（立場）や社会へ向けた視点を意識して、表現や文章が他者からどのように評価されるかを配慮する。
> ③ 客観的視点・第三者目線を文章に反映させるために、考えた内容が妥当なものか確認（友人に聞く、関連する時事問題を調べるなど）し、丁寧に推敲する。

課題1　いまから挑戦したいこと

　この課題では、自分の展望やビジョンを文章に表します。ポイントは、考えている将来へとつなげることです。また単に将来の事柄のみを述べるのではなく、過去から現在に至るまでの内容を書くことも求められています。その理由は、みなさんのビジョンを説明するために、決断するに至ったきっかけや経験など、関連する項目を記述することによって、その妥当性や信頼性が理解されるからです。

課題2　大学生活をふり返って

　本課題で述べる体験談では、その内容が働き方や学習能力、あるいは生活習慣など、さまざまな面での評価として参考にされます。

　この課題では、みなさんが体験の中で、どのような意識や考え方を持っていたのかということを中心に述べなければなりません。そのためには、成功・失敗にかかわらず、行動や考え方を具体的に示します。これにより、読み手はその体験が「客観的に評価できるかどうか」、「その体験が今後の何に結びつくか」など、みなさんの信頼性も読み取ろうとします。みなさんは、課題の回答としてありのままを書くのではなく、読み手の真意を理解した上で、信頼性を高められるような文章を書くように心がけましょう。

課題3　自身の将来像について

　このような「将来像」や「自己について語る」という課題は、単なる自己紹介や夢について書くわけではなく、また個人情報や趣味・特技などのありきたりな回答を書くことでもありません。

　ポイントは、自分が過去どのような経験や経歴を積んできて、現在どのような意識・考え方を持っているのか、そして未来に対してどのような目標やビジョンを持っているのか、という内容を語ることです。特に、今あるいはこれからの自分のあり方を過去の経験に基づいて述べることに重点を置くべきでしょう。

　このような課題では、書き手の「夢」や「目標」を長期・中期・短期ビジョンと、現在の取り組みに分け、段階的かつ具体的に述べることが必要です。たとえば基本的なパターンとしては、はじめに将来の夢を語り、次に過去から現在までの経験の中で、夢を抱いたきっかけや出来事を紹介します。続いて、近い将来の目標やそれに向けての課題を述べ、現在の取り組みを披露します。最後に、夢に向けてのビジョンを明らかにし、その理由や根拠を説明し締めくくります。このように時系列に沿って紹介すると、読み手もわかりやすいでしょう。

　他にも、近い将来の目標や課題を提示し、それに向けた現在の状況を説明した後で、その理由として過去の経験やきっかけを述べます。そして最後に、将来的なビジョンを語ります。

　いずれのパターンでも、読み手にとってどのように語ればよりわかりやすいか、ということを意識して説明することがポイントになります。

ロジカルライティングのヒント ▶ 「上手に」自分を語るために

　書くべき内容がイメージできたら、まずはその内容を分析してみましょう。この分析は、みなさんの文章がどの読み手にとっても評価される（好感を持たれる）ことを確認します。分析する際は、みなさんにとっての挑戦がどのように役に立ち、どう生きがいになっている（なっていく）のか、詳しい説明になるようにします。たとえば、大学生としての挑戦は、だれかの役に立つ事柄や、社会に貢献できる事柄であることが望ましいと言えます。挑戦していることが、だれからも評価されないような（自分勝手な）

内容では、その挑戦は全く意味がないと判断されてしまいます。みなさんが他者や社会のことを考えた挑戦をしてはじめて、その挑戦が意味を持つものとなるのです。

このような文章を書けるようになるためには、**普段から目的意識を持って行動し、将来に対して問題意識を抱いておく**ことが大切です。また、挑戦は計画的かつ段階的に行っていくものであるため、計画性や行動力なども必要です。文章の中で挑戦の内容を深めるためには、みなさん自身が、ある程度明確なビジョンを持って条件や段取り等を考えていかなければなりません。そこでは、プロセスを提示するだけに留まらないようにして、「なぜその挑戦が必要なのか」、「何のための挑戦なのか」、「本当にできるのか」、「できるための能力を持ち合わせているのか」など、考え方や意見を示しましょう。

【基本パターン】

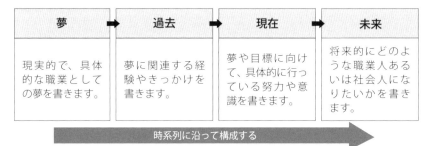

【応用パターン】

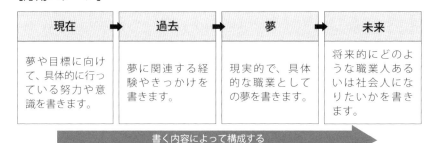

第 ② 章

レポートコース

ムダな減点を
されないための
レポート作成力

Ⅰ 大学生として「レポート作成」の必要性を探る

1．レポートとは何か

　みなさんは、講義ごとの成績がレポートの完成度（もしくは試験）で評価されることをご存じでしょう。「レポート」とは、求められた課題について、事実にもとづいて論理を展開し、意見や思考を表現するものです。一般的に、レポートの形式には報告と小論文があります。もともとレポート（report）は「報告」という意味を持ち、大学のレポートだけでなく社会人としての実務報告としても使われます。

　みなさんの学部での勉強は、専門的な学問を学ぶものです。つまり、学術です。そのため、レポートでは、みなさんが「どれだけ勉強して理解したか」「何をどのように考え、説明できるか」ということを示すのです。

　レポートは文章表現に特徴があります。次の例で、レポートの文章とはどのようなものなのか、考えてみましょう。

大学生が書くべきレポート文の例

① 現在日本の深刻な問題の一つに高齢社会が挙げられる。日本の高齢化は、他の先進国に例を見ないほどの速さで進んでいる。2013年には、高齢者率が初めて25％を超えた。少子化や核家族化により、高齢者のみの世帯や一人暮らしの高齢者が増加している。

② 今後の高齢社会を豊かにしていくためには、高齢者の安全を確保しつつ、多くの人と触れ合える環境を構築していき、その活動を通じて得られる信頼関係により、高齢者を孤立から守ることが重要になってくる。

③ 東京オリンピック開催が決定した日本には、世界各国から外国人

> 観光客が多数来訪することは間違いない。(省略) 私は、警察官が職務に対する自覚と責任、誇りを持つことが重要であると考える。

　上記三つは、どの例文も大きな問題がなく、どれもレポートにふさわしい文章と言えます。ただ、厳密に分析していくと違いがあります。
　①は「背景解説」です。「背景解説」は、どのような問題意識を持っているか、時事や一般論などを用いて社会的な背景を示す問題提起になります。ここでは、問題となる事実を提示することが何よりも確かな証拠となります。したがって、みなさんが何を問題として意識しているかを文章化しなくてはなりません。基本的には、「現在議論されている」「問題として考えるべきである」「事実として問題である」など、現実味のある問題提起をしなくてはなりません。「背景解説」は、レポートの序論部分で述べます。これをレポートの最初に提示することで、読み手にみなさんと同じ問題意識を共有してもらうことができます。
　②は「主張」です。①の背景解説として、考え方や意見を読み手に伝わる形に変換して示します。「〜と理解している」「〜と解釈できる」「〜の対策が必要である」「〜を提案する」などのように、どのように考え、何を言いたいかを具体的にまとめ、詳しく説明します。
　③は「根拠」と「結論」です。「根拠」は、みなさんの主張を成り立たせるための支えとなるものです。②の主張に根拠である事実、理由、証拠などを加えることで、文章の信頼性を高めます。この「結論」に「根拠」が結びつくことで、みなさんの主張がより信頼されることになります。

2. なぜレポートを書くのか

　大学でレポートを書く目的には、①正解が一つではない、あるいは正解を出すことが困難な問題を考えること、②おおよそ正解（とされる方向性）が予測できる問題を考えること、③内面を見るための課題、の大きく三つがあります。

　たとえば、①の例には次のような課題があります。

> **目的 ①** 正解が一つではない、あるいは正解を出すことが困難な問題を考える
>
> 「選挙の問題点について（政治学）」
> 「SNSの依存症について（心理学）」
> 「いじめ問題について（教育学）」
> 「若年者雇用者の早期離職改善について（総合政策学）」
> 「地方公務員の非正規雇用問題について（法学）」

　ここでの課題は、時事や社会問題について考えるという共通点があります。このような時事や社会問題の多くは、ある特定の答えがない、あるいは決まった答えそのものがないといった場合がほとんどです。そのため、正解を導くことができる考え方を見つけるために、熟考したり議論したりを繰り返さなければなりません。複数の答えの中から妥当な答えを導いた考え方や、（現時点で）答えが出ない場合の結論をまとめていくのです。

　①のような課題では、答えを導き出すというよりも、その考え方や対策を探求し、レポートで報告するということが求められます。

> **目的②** おおよそ正解（とされる方向性）が予測できる問題を考える
>
> 「倫理学の歴史について（哲学）」
>
> 「コーポレート・ガバナンスとはなにか（経営・商学）」
>
> 「本日の講義内容について（全専攻分野対応）」
>
> 「類推解釈について（法学）」

②の課題では、専門分野における講義で取り上げた内容や、専門分野に関する理論や解説をまとめることが求められます。つまり、みなさんの知識や理解です。②のような課題では、あらかじめ基準となる解答が想定されている場合がほとんどです。

> **目的③** 内面を見るための課題
>
> 「健康とスポーツについて（体育学）」
>
> 「コミュニケーションについて（国際関係学）」
>
> 「講義で学んだこと（専門分野の内容）から選択して、その内容について説明しなさい（全専攻分野対応）」

③の課題では、これまでに身につけた知識・情報、あるいは思考や心理などが求められます。また、感想や所見を求める課題も③に該当します。③のような課題では、（おおよそ基準となる正解もありますが）みなさん自身の理解度や考え方が正解になるので、わかりやすい説明や論理的な文章にすることがレポート作成のポイントになります。

このように、**レポートでは必ずしも答えを導くだけでなく、正解とされる方向性（考え方）を示すことも大切**です。では、次の問題でどのようなレポートを作成すべきか考えてみましょう。

ワーク2-1 ▶ 選択問題

次のA～Fのレポート課題は、前述の目的❶～❸のうち、どのタイプに当てはまるか、解答を導くためにふさわしいレポート形式を選択し、番号で答えなさい。なお正解は複数の場合もあります。

A.「コミュニケーションにおける情報と言語について」（言語学・教育学）
B.「夏目漱石と近代文学」（文学部）
C.「21世紀における日本企業の発展と戦略について」（経営学）
D.「死刑制度について」（法学）
E.「ルソーの教育観について」（教育学）
F.「大学生としての読書の必要性と図書館の利用について」（全専攻分野対応）

[解答欄]

A　　　B　　　C　　　D　　　E　　　F

レポートの課題が出されたら、まずはその課題がみなさんに何を求めているのかを考えましょう。ポイントは、「その課題では何をどこまで書く必要があるのか」にあります。つまり、課題で求められている期待に応えることが評価のポイントなのです。

レポートを書くときには、読み手（出題者）の意図を忘れてはいけません。そのためにはまず課題内にあるキーワードから出題の意図を探し出します。レポートが課せられたら、課題をしっかり読み、その中のキーワードに着目して、課題の意図を充分に理解してください。目的①～③のタイプ別の分類も覚えておくと便利です。

ワーク2-1 ▶ 解答例

A①③、B②、C①、D②、E②③、F③（①）

3. レポートには何を書くのか

　レポートに書くべき内容は、課題や問題を分析することで見えてきます。この分析には、みなさんの知識や情報、さらにその量や質が分析の度合いに関連してきます。

　レポートで示す答えは、課題に対して三つの手法を組み合わせるのが基本です。

---

① 疑問を述べる（問題意識）
② 課題に対しての理解や考えを述べる
③ 課題に対しての今後の問題や発展について述べる（対策、意見、展望など）

　どのようなレポートであっても、課題に対して「自分の考え」を提示することは共通です。この「自分の考え」とは、正確な知識と論理に沿って、「どれだけ勉強して理解したか」「何をどのように考え、説明できるか」という意味です。そのため、考えた過程や根拠を詳しく示さなければなりません。しかし、レポートにはたった一つの正解があるわけではありません。つまり、文章そのものからもさまざまな要素を評価されています。たとえば説明の論理性や証明の妥当性、文法・表現などです。レポートを書くということは、みなさんの考えを読み手に理解し納得してもらう作業なのですから、十分な具体性と説得性が必要とされるのです。

4. レポートで評価される理由

　大学でレポートを書くことが求められる理由は二つあります。
　一つ目は、大学の大半が「講義」という授業形態であることです。講義は基本的に教員の知識や情報をみなさんに伝授する場です。そのため、教員が学生の理解度を知り、コミュニケーションを図る手段としてレポート

があります。学生が教員に自分の考えを知ってもらう機会はレポートのみと言っても過言ではありません。そのため、レポートは教員との貴重なコミュニケーション手段だと考えて、丁寧に書きましょう。誤字脱字だらけの文章や体裁・作法の守られていないレポートでは、どんなにすばらしい内容でも減点されてしまうでしょう。

　二つ目は、「答え」だけを求めていないという点です。教員はレポートによって成績評価をしなければなりませんが、それと同時にレポートを通じて学生の考えを知り、より学生を理解しようとします。

　大学の課題や試験では、一見正しく見える「答え」を提示したとしても、それを導き出すための素材の提示や思考の経緯、あるいは論理のプロセスが見えてくるような答案でなければ、充分な評価に値しないと判断されます。

　レポートにふさわしい「答え」を導くためには、「問い」を正確に見きわめて、テーマや課題に対して深く考えられるようになることが大切です。

ワーク2-2 ▶ 考察問題

次の①〜③の文章で、「問い」の内容を簡潔にまとめてみましょう。

① 総合的な学習の時間は、取り上げる題材について単に知識を得るための学習ではない。
② 子育てについては、共働きという家庭環境の中で、夫婦がどのように育児を分担していくかが焦点になる。
③ 学術文章の作成では、小論文か卒論かレポートかによってそれぞれに形式が異なるため、本文だけでなく、さまざまなことに注意しなければならない。

　①は、題材から得られる知識習得以外の学習が要素になることを示唆しています。知識習得以外の学習のあり方が問題意識であり、これを「学習指導要領」や実体験などを元にして述べていくとよいでしょう。

②は、現在の育児のあり方が以前に比べて変容していることを示唆しています。社会的背景やデータなどを調査すると、育児のあり方の変容が顕著に示されている可能性があります。

　③は、学術文章の形式や体裁、書き方の作法に則って作成する重要性を示唆しています。文章の要素以外にも、注意すべき事柄が多くあることを理解しなければなりません。

　つまり、レポート作成においては、まず「問い」を見つけ、その問題点について考え、書くことがすなわち、期待されている「答え」なのです。そのためにも**出題者の「問い」の意図を正確に見きわめることが大切**になります。

　学術における「問い」とは、大きく分けて、①自ら生み出すか、②すでに社会にあるものを共有するか、の2種類です。レポートの課題についてみなさんが普段疑問に思っていることがあれば、それは問題意識として成立します。しかし、「問い」は単なる「疑問」とは異なります。大学では自分が設定した「問い」に自分で「答え」を出していかなければなりません。ある程度の「答え」を設定し、そこに向かうプロセスを具体化させていくことを含めて「問い」なのです。このプロセス全体が「問題意識」として表現されるのですから、用意した「答え」だけがどんなにすばらしくても、それは学術とはいえません。「問い」に対して「答え」を設定したら、その妥当性や有用性を一つずつ検証しながら「答え」の証明をしていくのです。これが「研究」です。

　学生は、研究をすすめていく中で、多くの「答え」を導く作業をしていきます。その「答え」を出す過程で、また次の「問い」を探ることができます。こうして「問い」と「答え」の反復作業を続けていくのです。

　研究とは、抱いた「問い」に明確な「答え」を導き出していき、そこからさらに新たな「問い」を生むという反復からなる作業です。**一つの正解を求めることに満足せず、考え続けることが研究の本質**です。みなさんの興味・関心が「研究」の中で拡がり、「問い」と「答え」を反復することで「問

題意識」が洗練化されていくのです。

◀ **ワーク2-2 ▶ 解答例**　省略

5. レポートを書くための意識

　たとえば、これまでディベートや討論で、「○○さんと同じ意見です」と答えた経験はないでしょうか。自分の考えを求められた場面で、他のだれかとまったく同じ意見ということは本来ありえません。高校までの質問では、正解は一つになるようにあらかじめ決められていることが多いため、解答を暗記すればすんでいたかもしれません。しかし、大学あるいは社会では、**期待されるのは「答え」よりむしろ、そこに至る考えと論理**に比重があります。

　このような「答え」とそれを導き出す過程を、「論証」と言います（「論証」についてはⅢ-3で詳述）。論証は、読み手を納得させ評価を得るための重要な作業です。

　この論証する力を身につけるためには、①執筆→②推敲→③校正の手順を踏みます。この三つの手順は、読み手に文章の内容を納得してもらうための最低条件と言えます。三つの手順を読み手の立場になって取り組むことが、良いレポートを作成するためには欠かせない作業です。

①「執筆」は作家としての作業です。読み手に主張が伝わりやすいように語句を選び、表現を工夫します。

②「推敲」は編集者としての作業です。書いた文章を読み返し、主張が伝わる文章になっているかをチェックします。問題の提示から論理の展開、結論までの流れに説得力があるか、素材の漏れがないかなどを第三者的な目線からチェックしましょう。基本的に「書き」と「直し」は一人二役で行わなければなりません。文章が独りよがりにならず、だれが読んでもわかりやすいと評価されるためには、推敲が欠かせません。慣れないうちは他の人に読んでもらってわかりにくい部分を指摘してもらうのもよいでしょう。

③「校正」は、文章の体裁を整え、誤りを正す作業です。一般的な校正は、文章が一通り書き終わった段階で、改めて全文を見直します。この段階では、読み手に「問題と思われる節が見当たらない」と感じてもらうことを意識します。誤字・脱字、助詞の使い方を適切に修正するのはもちろん、箇条書きの番号に抜けがないかや、引用文の写し間違いがないかなど、細かな点まで見直ししていきます。

　このような手順を踏むことは、みなさん自身が作成するレポートに責任を持つことでもあるのです。

Ⅱ　レポートのルール・作法を知る

1．レポートの種類や形式

　レポートは学問、すなわち学術です。だからこそ、そのルールには厳格なものがあります。

　レポートのルールは、課題の種類や形式によって異なります。まずは、**①課題に応じること**、**②種類を見極めること**、**③形式を整えること**の三つのルールを最低限守ることが大切です。この三つのルールは、どのようなレポートにも対応している共通ルールです。

　①では、課題内容を読み解くことが求められます（1章Ⅰを参照）。書き手は課題に応じた文章を作成しなければなりません。たとえば、課題で「自由に述べなさい」と指定されたとしても、この「自由」は、無制限の自由ではありません。制限された範囲内で自由に述べることが求められているのですから、ここで問われている「自由」の制限や範囲をわきまえることが重要です。

　②では、レポートの種類に則って、ふさわしい答え方で答えます。たとえば、「○○について、自由に述べなさい」というレポートでは、「①課題に対しての理解や考えを述べる」（Ⅰ-3参照）に該当します。したがって、ただ意見を自由に述べるのではなく、学修した内容や求められている範囲

内で自由に述べる形式（答え方）に整えて作成する必要があります。

レポートの種類は、厳密には次のようなものがあります。

レポートの種類と答え方

① 論証型レポート

　文献や資料を用いて、論理的に証明するもの。「文献研究」と「実証研究」の二つがある。

・文献研究

すでに出版されている本や論文を読むだけでなく、資料や映像、インターネットや新聞など、情報が記載されている媒体を用いながら、新たな発見や理解を導く。

・実証研究

体験や実地調査などから新たな発見や理解を導く。この実体験から得たデータが資料となり、証明する材料になる。インタビューや質問紙調査、観察やフィールドワークなどが該当する。

② 説明型レポート

　自身の思考や理解を示すもの。授業内容に自習した内容を加えてまとめる場合が多い。

③ 課題（テーマ）型レポート

　課されるテーマに応じて、自分の意見を中心に作成する。必要に応じて調査や文献研究などを行う。レポート試験や期限付きのレポート作成、小論文などが該当する。

④ 書評型レポート

　課された文献を読んでまとめる。また、これに意見や解説などを付与させる場合もある。

⑤ 調査報告型レポート
　課された課題に応じて、必要な調査および研究を行い、まとめて報告する。就職先における報告レポートも該当する。

　上記の分類は、論文作成にも共通しています。レポートは短いながらも学術論文ですから、上記のいずれかに当てはまるように作成する必要があります。課題に応じて必要な形式を選べるようにしておきましょう。

ワーク2-3 ▶ 選択問題

次のレポート課題を下の種類と適合するように組み合わせなさい。
① 「コミュニケーションにおける情報と言語について」（言語学・教育学）
② 「夏目漱石と近代文学」（文学部）
③ 「21世紀における日本企業の発展と戦略について」（経営学）
④ 「死刑制度について」（法学）
⑤ 「ルソーの教育観について」（教育学）
⑥ 「大学生としての読書の必要性と図書館の利用について」（全専攻分野対応）

レポートの種類（選択肢）
　A．論証型レポート
　B．説明型レポート
　C．課題（テーマ）型レポート
　D．書評型レポート
　E．調査報告型レポート

解答欄
　①　　②　　③　　④　　⑤　　⑥

> **ワーク2-3▶解答例**
>
> ①C、②A、③E（A）、④E（B）、⑤A、⑥C（B）
>
> ＊かっこ内は副次的に考えられる解答。

2．アカデミック・ライティングの作法

　アカデミック（academic）は英語で「学術」のことです。アカデミック・ライティングとは、レポート作法を含めた、大学で求められる学術的な文章作法のことを指します。

　アカデミック・ライティングは、レポート作成だけでなく、小論文作成や定期試験での文章解答、プレゼンテーションでのレジュメ作成など、みなさんが大学で行う学術発信のあらゆる場面で必要になります。アカデミック・ライティングというと難しく感じますが、みなさんが高校までに身につけた原稿用紙の使い方はその典型です。レポート用紙には原稿用紙のようなマス目はありませんが、罫線上に記入する場合も、Wordなどのワープロ文書の場合も記入の仕方は共通です。

ワーク2-4▶穴埋め問題

> 　次の文章を原稿用紙の作法に則って下に書き写しなさい。次に冒頭の4行のみを罫線上に記入しなさい。なお、文章は校正しなくてよいものとする。
>
> 　　最近若者を中心に、携帯電話やスマートフォンを利用したＳＮＳ等の非対面コミュニケーション・ツールが広まっている。総務省によると、2015年にはスマートフォンの普及率が世界市場において5割を超えるとの見通しがある。
> 　　私自身、通学途中の電車内や帰宅後の自室で、ＳＮＳを利用して友人との連絡を取り合うことが多い。コミュニケーションの基本は人と人が顔を合わせる対面コミュニケーションだとわかっているのだが、ＳＮＳなら相手と顔を合わせない分、その

気楽さから、つい携帯に依存してしまう。こうした非対面コミュニケーション・ツールへの依存は、対面コミュニケーション能力の低下を招くと自覚している。

ワーク2-3 ▶ 解答例

　最近若者を中心に、携帯電話やスマートフォンを利用したSNS等の非対面コミュニケーション・ツールが広まっている。総務省によると、「2015年にはスマートフォンの普及率が世界市場において5割を超える」見通しがある。
　私自身、通学途中の電車内や帰宅後の自室で、SNSを利用して友人との連絡を取り合うことが多い。コミュニケーションの基本は人と人が顔を合わせる対面コミュニケーションだとわかっているのだが、SNSなら相手と顔を合わせない分、その気楽さからつい携帯に依存してしまう。こうした非対面コミュニケーション・ツールへの依存は、対面コミュニケーション能力の低下を招くと自覚している。

〔注釈〕
- 促音表記「っ」、拗音表記「ゃゅょ」も前行に文字と一緒に入れる。句読点の対処同様。
- 行末の句読点は、1マスに入れ、文頭にくる場合は、前行に文字と一緒に入れる。
- 数字は、横書きは算用数字で、1マスに半角で2文字。英字も同様。
- 「」、『』等の符号は、原則1マスに一つ。行の頭に句読点や」（閉じるかぎかっこ）は書かない（行頭禁則）。行の終わりに「（開くかぎかっこ）は書かない（行末禁則）。
- 改行後は、1マス空けて書き出す。
- 略語を用いる場合は注意。ここでは「SNS」が一般常識であるため、そのまま使用可。

※レポート作成は、上記のルールに加え、①丁寧な記入を心がけること、②罫線上を両端いっぱいに使うこと、③1字空け・改行の必要性、を留意する。

　□最近若者を中心に、携帯電話やスマートフォンを利用したＳＮＳ等の非対面コミュニケーション・ツールが広まっている。総務省によると、2015年にはスマートフォンの普及率が世界市場において5割を超えるとの見通しがある。

3．自分の文章をチェックする

アカデミック・ライティングでは、表記の正確性が大切です。

下の一覧で表記の作法や注意点を確認しておきましょう。推敲や校正時のチェックリストとしても活用してください。自分で書いた文章を客観的にチェックすることを習慣化しましょう。

アカデミック・ライティング　チェックリスト

① 句点・読点

- ☐「　」や（　）の中に句点「。」は入れない。
- ☐ 読点「、」が適切に用いられている。
- ☐ 文頭を1字空けている。また、適切に改行をし、文頭が1字空いている。

② 文末の統一

- ☐「である、だ（常体）」と「です、ます（敬体）」を混在させない。
- ☐「〜のだ」という表現は使わない。
- ☐「〜と思われる」「ではないか」「〜なのである」などの感情的断定は避ける。

③「　」『　』の使い方と正確な表記

- ☐「　」は、引用、見出し、注意喚起、（強調）で用いる。
- ☐」が行頭に来る場合は、行末へ入れる。
- ☐『　』は、著書名・雑誌名、あるいは引用の中にさらに「　」を入れる場合に用いる。
  　例）西谷尚徳（2016）『社会で活躍するためのロジカルライティング』弘文堂

④ 英数字の表記

- ☐ アルファベットや算用数字の表記は、半角英数で表記する。
- ☐ 良い例）Rissho University　／　RISSHO　2016年12月24日
- ☐ 悪い例）ＲＩＳＳＨＯＵＮＩＶＥＲＳＩＴＹ　２０１６年１２月２４日

⑤ 区切り記号の表記(その意味)

- □ 、読点
- □ 。句点
- □ ．ピリオド
- □ ；セミコロン(ピリオドより弱い区切りを示す)
- □ ：コロン(詳細や説明、要約などを示す)
- □ ・なかぐろ、なかてん(並列、並列連結を表す)
- □ - ハイフン
- □ ── ダッシュ(省略や参照を示す。形式ばらない時に用いる)
- □ ……リーダ(以下同じようなものが続く、あるいは以下省略のときに用いる)
- □ ( ) 丸かっこ、パーレン
- □ [ ] 角かっこ、ブラケット
- □ { } ブレース
- □ < > 山かっこ、山パーレン
- □ 〔 〕亀甲、きっこうがっこ
- □ 【 】すみつきパーレン
- □ 《 》ギュメ、二重山形
- □ 〜 波型、波ダッシュ

文章添削評価表

採点項目 (各項目5点満点)	学籍番号	
	氏　名	
	評　点	理由・コメント
A 要旨のつかみやすさ 内容の統一、全体のイメージを提示している。		
B 読みやすさ 一文の短さ、文体の統一、一文一義のわかりやすい文章（パラグラフの構成）である。		
C 情報の選択・量 情報を整理して、適切な情報を選び出している。		
D 明晰さ 読み手の思考や気持ち・行動を想定して、言葉で具体的にわかりやすく説明している。		
E 論理性 接続語を適切に用いて、文章相互の論理関係が明確である。論点（問い）と主張（答え）を明確にしてある。		
F 表記形式やルール 誤字・脱字がなく、語句・表現が適切に使われており、表記の形式的ルールが守られている。		
G 文体 表現の重複、主観的表現の多用、略語・話し言葉などの不適切な表現、文末表現の不統一がない。		
H 意見 主張や意見に妥当性があり、論理的に説明できている。		
評点合計（40点満点）		

学籍番号		学籍番号	
氏　名		氏　名	
評点	理　由・コメント	評点	理　由・コメント

(参考文献を元に筆者作成：関西地区ＦＤ連絡協議会（2013）『思考し表現する学生を育てる　ライティング指導のヒント』pp.82-84、ミネルヴァ書房)

No.1 【意見型レポート作成の要点整理】

題材例：コミュニケーションの持つ意味につい

【導入「序論」】

　コミュニケーションは、そもそも「分かち合う」と①他者に情報を伝達する、②他者と信頼関係を築く、めに動かす、という3つの意味がある。③に近づくに渉」とは、あることを実現・共有するために当事者間ンとは、他者との交渉ごとにおける必要な手段なので

【展開「本論」】

　まず①は、他の人に自分の知っている情報や意見、ンの最も基本となるものである。

　次に②は、他者と交流することで人間関係を新たにある。もっとも、他者との間で新たに関係を作るかを取ろうとすることが多い。したがって、他者と信頼

　最後に③は、他者と交渉をする場合である。ここでたとえば、親しい間柄でお願いをする場合には、さしかし、業務上での取引では、他者に特定の行動を起ン・スキルが必要となる場合がある。

　①②がコミュニケーションそのものを目的としていンを図ることになるので、そのあり方が異なる。

【まとめ「結論」】

　最近若者を中心に、携帯電話やスマートフォンを利等の非対面コミュニケーションツールが広まっていの携帯メールやゲームなどに興じることが多い。コミニケーションだとわかっているのだが、メールなら相つい携帯電話に依存してしまう傾向が強くなる。

　しかし、こうした非対面コミュニケーションツーことに注意しなければならない。これはコミュニケーれがある。

　これらの対策としては、メールや電話ではなく、対きであろう。現代の流行ともいうべき「非対面コミュ変容していくことを自覚するだけでなく、日頃から極的に図るなどして、対面コミュニケーション能力の

【意見型レポート】
意見を述べることが求められているため、基本的に文章で表現する。

- 3段論法、4段論法で構成する。【題目】は省く。
- 書き出しは1字空ける。改行しても同様。
- 主語を用いること。主語と述語の呼応に注意する。
- わかりやすく伝える工夫をする。
- 論証は、順序立てて述べる。
- 接続詞を適切に用いる。
- 省略語・日常用語を用いる場合は、正式名称で表現する。ただし、一般常識の用語は例外。
- 客観的に分析して意見する。

て、自分の意見を述べよ

　いう語源を持つ。そのことからコミュニケーションには、
あるいはそれを維持・発展させる、③他者をある目的のた
れて、「交渉」という意味合いを強く持つことになる。「交
同士がかけあうことを言う。つまり、コミュニケーショ
ある。

　　感情などを伝える場合である。これはコミュニケーショ

形成する、あるいはさらに人間関係を深めていく場合で
深めていこうとするときは、そもそもコミュニケーション
関係を築くという目的がある。
は、目的によってコミュニケーションのあり方が変わる。
ほど高度なコミュニケーション・スキルを必要としない。
こさせるような交渉になるため、高度なコミュニケーショ

るのに対し、③は目的を達成するためにコミュニケーショ

利用した、ツイッター、フェイスブックに代表されるSNS
る。私自身、通勤途中の電車内や帰宅後の自室で、友人と
ュニケーションの基本は人と人が顔を合わせる対面コミュ
相手と顔を合わせないため、気遣いもせず安心してしまい、

への依存は、対面コミュニケーション能力の低下を招く
ーションが持つ意味の中で、特に①と②を困難にさせる恐

相手と実際に会って誠意をもって接することを大切にすべ
ュニケーション」が我々のコミュニケーションのあり方を
性別・年齢・職業が異なる人とのコミュニケーションを積
向上に努めるべきだと考える。

- 「　」（かぎかっこ）は掛かる文字に寄せる。
- 文末表現を統一する。
- 自称は「私」に統一する。
- 話し言葉での表現を文章表現に改める。
- 句読点や促音・拗音などは行頭に入れず、前行の文末に入れる。
- 中黒点（・）は語句の羅列で用いる。

【報告型レポート】
理解や考え方を報告することが求められているため、より客観的に表現する。
資料・表などを入れる場合は、見やすさも考慮するとよい。

章・項ごとに主題をつける。

アンダーラインや網がけなど、表記の工夫をして、読み手のわかりやすさに配慮する。

第3者目線や社会的視点で捉えることを心がけ、読み手が納得するようにより客観的な表現を意識する。

結論部は、客観的な分析、誠実な意見提示ができるようにする。

No.2 【報告型レポート作成の要点整理】

> 題材例：コミュニケーションの持つ意味について、自分の意見を述べよ

1．コミュニケーションの意味

　コミュニケーションは、そもそも「分かち合う」という意味も持つ。コミュニケーションには、大きく分けて次の3つの意味がある。

①他者に情報を伝達する
他の人に自分の知っている情報や意見、感情などを伝える場合。コミュニケーションのもっとも基本となる。
②他者との信頼関係を築く、あるいはそれを維持・発展させる
他者と交流することで、(1)人間関係を新たに形成する、(2)さらに人間関係を深めていく場合。そもそも他者と信頼関係を築くという目的であることが多い。
→①②は、コミュニケーションそのものを目的としている。

③他者をある目的のために動かす
他者と交渉をする場合。目的によってコミュニケーションのあり方が変わる。
(1)親しい間柄では、さほど高度なコミュニケーション・スキルを必要としない場合が多い。
(2)業務上での取引では、他者に特定の行動を起こさせるような交渉になるため、高度なコミュニケーション・スキルが必要となる場合がある。
→③は、目的を達成するためにコミュニケーションを図ることになる。そのため、コミュニケーションのあり方が異なる。

　上記①〜③の項目から、コミュニケーションはすなわち「交渉」という意味合いを持ち、そのための必要な手段であると言える。

2．現代的非対面コミュニケーションの課題

　最近若者を中心に、携帯電話やスマートフォンを利用した、ツイッター、フェイスブックに代表されるSNS等の非対面コミュニケーションツールが広まっている。たとえば、メールであれば相手と顔を合わせないため、気遣いもせず安心してしまい、つい携帯電話に依存してしまう傾向が強くなる。
　こうした非対面コミュニケーションツールへの依存は、対面コミュニケーション能力の低下を招くことが懸念される。

> 　現代に特徴的な「非対面コミュニケーション」は、我々のコミュニケーションのあり方を変容していくと自覚するだけでなく、日頃から性別・年齢・職業が異なる人とのコミュニケーションを積極的に行うなどの対策が必要である。このような個々の自覚が、対面コミュニケーションの重要性を再認識することができ、本来必要な対面コミュニケーション能力の向上につながるものと考える。

Ⅲ　レポートのまとめ方を知る

1．レポートの構成を知る

　読み手に自分の考えを理解してもらうためには、論理的に説明する力が欠かせません。大学でのレポート作成では、ある程度の「構成」を組んでから書き始めることで論理的な文章が書きやすくなります。

　レポートでは、基本的に（1）3段構成、（2）4段構成を用います。この二つは、みなさんが課題に対して考えていること（問いや答え）だけではなく、「どのように理解してもらうか」「そのためにはどのような順序で説明するか」といったことを論理的に説明しやすい構成です。論理的なレポートを書くために、まずこの二つの構成を覚え、使えるようにしましょう。

（1）　3段構成（pp.80-81「意見型レポート」参照）

① **序論**（約1割）……書き出し、問題提起（話題提示）、現状の課題、問題となる事柄の説明、本文章の意義、テーマの定義など

　与えられたテーマについて、現状を見据えながらどのように書き進めていくのかを提示する。

　書き出しは、ごく一般的な読者やまったく専門知識のない人にも理解してもらえるように書く。文章がどのような意義のもとで書かれているのかを提示する。

② **本論**（約8〜8.5割）……事実、証拠、事例、原因、背景、問題点、改善点など

　テーマにかかわる事実や事例を挙げ、その背景や原因を探るために論理を展開していく。

　議論は、この本論で充分に展開する。手の内＝思考を明かしていく。

③ **結論**（約1〜0.5割）……主張、意見、解決策、目標、展望など

　本論から自分の主張や事実の論証へと導いていく。

　序論で提起した問題に確定的な答えを出す部分。議論の結果、議論の

筋道の結果。方向性。

（2） 4段構成 (p.89【アウトライン（完成形）】参照)

「起承転結」を連想しがちであるが、レポート・論文では違ってくる。
① 序論　……書き出し、問題提起、現状、原因、テーマの定義
② 本論Ａ……事実、原因、背景、証拠、例、本論Ⅰ（序論を詳しく）
③ 本論Ｂ……原因、背景、問題点、今後の見通し、別の論証・観点、本論Ⅱ（独自の展開）
④ 結論　……主張、意見、解決策　（自分の主張をこれまでの論証をもとに理論づける）

2．アウトラインを作成する

　レポートを作成するためには、全体の下書きとして大まかに構成を組んでから、文章の細かい内容を推敲していくことがより良い方法と言えます。この、大まかに構成を組むことを「アウトライン作成」と言います。アウトラインは、文章全体の「骨組み」です。評価が高い文章はアウトラインが的確であり、かつ各パラグラフ（段落）の文章がよくまとまっています。そこで、まずはアウトラインを組む作業の精度を高めていきましょう。

　アウトラインは、書く前に思考を整理したり、論理的な構成であるかをチェックしたりするのに役立ちます。また、文章が仕上がったあとは、読み手に大まかな内容を案内する目次の役割を果たします。

　アウトラインは箇条書きでよいため、文章作成が苦手な人でも比較的とりかかりやすい作業です。付箋に書いたものを並べ直してもよいですし、メモ書きしながら膨らませていくことも可能です。思考を整理しやすいやり方で進めましょう。

　以下に、アウトライン例を紹介します。これを参考に、アウトラインの作成に取り組んでみてください。

一般的なアウトラインの例

「大学生の文章作成について（主題）」
　　はじめに・まえがき（レポートの場合は不要）
　　1．大学生として学ぶべき国語表現
　　　（1）大学における国語表現
　　　　　ⅰ．文章の読み方
　　　　　ⅱ．文章を理解する
　　2．大学生として学ぶべき文章表現
　　　　　ⅰ．表記のしかた
　　　　　　　　⋮
　　おわりに・あとがき（レポートの場合は不要）

読みやすいアウトラインの例（書籍の目次）

　　　　　　　⋮
第2章　法解釈の諸方法
　1．解釈そのものの作業と言葉による正当化
　2．出発点としての文理解釈とその技術
　3．条文・条項の呼び方
　4．解釈の仕方
　5．言葉による正当化の技術
第3章　法の体系と形式
　1．不便なような気がするが
　2．法の分類
　3．制定法のいろいろ
　　　　　　　⋮

（道垣内弘人（2012）『プレップ法学を学ぶ前に』弘文堂より）

Ⅳ ケーススタディ：学生のアウトライン例

　アウトラインの作成は、論理的でわかりやすいレポートを作成するために欠かせない作業です。ここでは、学生のアウトライン例を見ながら考えていきます。

　あるとき 2 名の学生に課題を課したところ、レポートが提出されました。アウトライン作成を義務付けたわけではありませんでしたが、レポートにはアウトラインを作成した様子が窺えました。その理由は、本文が整理されて論述されていたためです。学生なりの論証が見て取れるということは、それなりの準備（推敲）がなされていると判断できました。そこで、それぞれの学生に聞いたところ、やはり文章を作成する前段階で自主的にアウトラインを作成していたことがわかりました。

　以下は、2 名の学生（学生 A・学生 B）が自ら作成したアウトラインの実例です。アウトラインと本文を照らし合わせながら検証していくことで、みなさんの文章作成に活かしてみてください。なお、途中に挟んである「完成形アウトライン」は、学生への聴取・確認を元に、筆者と共同で作成したものです。

アウトラインの書き方例①：学生 A の場合

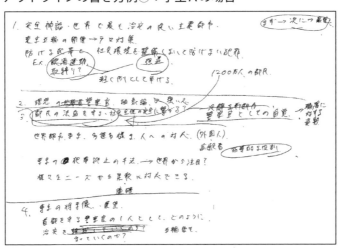

この例は、学生Aがメモ書きとして作成したアウトラインです。箇条書きにも感じますが、このように思いつく事柄を列挙しながら整理していけばアウトラインになります。実は、メモ書きとアウトラインは紙一重と言えます。みなさんが文章を書く際には、メモ書きでも走り書きでも、とにかく思いつくことや書くべき内容を列挙してみることがアウトライン作成のコツです。

　下はメモ書きを整理して完成させたアウトラインです。

【整理したメモ書き】

「警察官対策」
1. 安全神話・世界で最も治安の良い主要都市
    東京五輪の開催→テロ対策
    防げる犯罪　と　社会環境を整備しないと防げない犯罪
        Ex. 飲酒運転取締り？　　強盗
            軽く例として挙げる
2. 理想の警察官（抽象論）
3. 都民の法益を守る・社会全体の安全に繋がる？
        1200万人の都民
        警察官としての自覚→職務に対する姿勢
    世界都市・東京　多種多様な人への対応（外国人）高齢者
    指導的な役割
    未来の犯罪抑止の手法→世界から注目？
    さまざまなニーズから柔軟に対応できる
4. 東京の将来像・展望
    首都を守る警察官の一人として、どのように治安を守っていくのか？　五輪像も。

【アウトライン（完成形）】

「警察官像」
1. 世界で最も治安の良い主要都市・東京
   東京五輪の開催が決定した　　世界的にテロ対策が急務
   テロを「防げる犯罪」へ　　社会環境を整備しないと防げない
2. 理想の警察官（抽象論）
3. 都民の法益を守ることが、社会全体の安全に繋がる
   1200万人の都民を守ること
   警察官としての自覚→職務に対する姿勢
   世界都市・東京
   五輪により、多種多様な人への対応と警備
   未来の犯罪抑止へ繋げる　→世界から注目？
4. 東京の将来像・展望
   首都を守る警察官の一人として、どのように職務遂行するか
   五輪を控え、どのように治安を維持していくのか？

※上記網がけ部分のみ文章化

「求められる警察官像（序論）」

　日本は世界を代表する都市となり、最も治安の良い主要都市としても注目されている。さらには、2020年に東京オリンピックの開催が決定したこともあり、ますます注目度が増している。そんな中、ここ数年、テロへの対策が世界共通の課題となっており、東京オリンピック開催を控え、テロへの対策が急務となっている。

　テロを未然に防ぐための社会環境づくりや警戒の強化を行っていかなくてはならない。先導すべき立場にある警察は、環境づくりのために関係機関や事業者等と連携を図り、地域や日本に合ったテロ対策を強化していく必要がある。

この学生Aの例は、メモ書きからアウトライン、アウトラインから文章作成と、手順を踏むことで徐々に文章化されているのがわかります。このように計画的かつ段階的に作成していくことが肝要です。
　学生Aの文例を見ると、東京オリンピック開催に伴い世界から注目される日本を印象づけ、その後で「警察におけるテロ対策の重要性」へとつなげています。掲載しているのは序論だけですが、警視庁HPや関連情報をよく調査していることがわかります。
　ここでは、「テロを未然に防ぐための社会環境づくり」がポイントです。警視庁は平成20年に「テロを許さない社会づくり」というスローガンを掲げ、「テロ対策東京パートナーシップ」を発足しています。官民を挙げて強化することで、テロ対策を構築・推進するものです。
　この後の本論では、危機意識の共有や情報ネットワークの構築など、テロ対策への言及を具体化していければ、文章展開が充実します。警察だけではなく住民とどのように協働していくか、という意見や考え方が盛り込まれるとよいでしょう。
　忘れてはならないことは、課題が「求められる警察官像」だということです。学生Aは、テロ対策に的を絞って論述していますが、結論部では「学生Aなりの警察官像」を本論から導かなければなりません。ここでのテロ対策は、警察官像を語るための一事例に過ぎないということを忘れないようにしてまとめることが大切です。

アウトラインの書き方例②：学生Bの場合

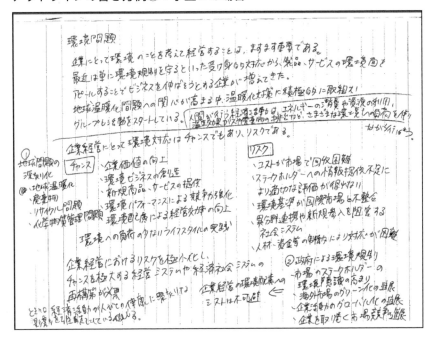

　この例は、推敲段階でかなりの熟考を重ねていることが見て取れます。また、内容としても調査や考察が行き届いていて充実しています。学生Bは、アウトラインの段階で、すでに肉付けをして本文作成に反映しようとしています。いわば「文章レイアウト」といったところでしょう。

　文章作成では、このように入念な推敲を行うことが大切です。学生Bの例は、しっかりと思考が整理されているだけでなく、文章化を前提にしてまとめようとする様子がすでに窺えます。

【アウトライン（完成形）】

「環境問題」
1．企業が重視すべき環境問題とその規制
2．地球環境問題の深刻化
3．環境問題対策
4．政府による環境規制と企業経営の環境への配慮
5．企業経営の環境リスクの極小化とシステム再構築

※上記網がけ部分のみ文章化

「リサイクル問題から考える企業の対策と消費者のあり方について（本論）」

　近年、環境問題への関心が高まり、今や環境に対して消費者と企業とが問題を共有し、共に対策をしていく社会になった。製品・サービスの環境面をアピールする企業が増えてきたり、資源・エネルギーの節約からリサイクル活動などの対策を行っている企業もある。

　たとえば、リサイクル問題を解決する対策としては、環境省の推進しているマイボトル・マイカップキャンペーンがある。マイボトル・マイカップキャンペーンとは、リデュース・リユース推進のために2010年6月から実施されている取り組みである。コーヒーショップやファストフードなどの参加団体の店舗にマイボトルを持参すると、それに飲み物を入れてくれるサービスである。また店舗によっては、容器持ち込みで20円割引や熱湯洗浄サービスもある。

　学生Bは「環境問題」を企業の立場で考えています。学生Bが考えていることや意見として打ち出そうとしている内容がアウトラインからも一目でわかります。注意したいことは、アウトラインの段階で多くの話題や内容を盛り込みすぎると、かえって文章がまとまらず、何が言いたいかわか

らなくなる点です。最初の構想の段階で、あまり欲張りすぎずに何を述べたいのかをすっきりさせることが大切です。

　本文からは、アウトラインで書き出した中から、さらに内容を絞り込んでまとめていることがわかります。話題が整理された印象を持ちます。学生Bの論述の特徴は、まずアウトライン作成の時点で考えつく内容を列挙し、次に書くべきことをそこから取り出す作業をするという点です。アウトラインは、読み手には見えない部分です。学生Bのように、構想段階で多くのことをできるだけ深く考えた上で、読み手を意識した文章化を心がけることは上級の技法です。

　本文を読むと、事例を用いてわかりやすく説明しています。ここでは、企業が行っているリサイクル問題への対策を紹介しています。現況をわかりやすく文章化するためには、調査と分析が欠かせません。つまり、ただ文章を上手に書こうとするだけでなく、そのための準備も必要なのです。そして読み手に理解してもらうためには、文例のように具体例を用いて解説することも大切な技法の一つです。

　文章作成の課題は、自分が考えたことをどのように表現するかに尽きます。構想段階で考えた内容をアウトライン作成でどのように工夫したかが、文章の豊かさを左右することになるのです。

V　論証を用いてレポートを作成する

1．レポートを支える「主張」と「論証」

　レポートで評価されるには、書いた内容を読み手に認めてもらう必要があります。正しい評価を得るためには、まず本章IVまでで見てきた「体裁を整えること」が大切です。そして、次に重要になるのが「文章の内容を整えること」です。みなさんが書く文章の内容が、読み手にとって客観的かつ論理的であると認められれば、自ずと評価も良くなります。

　みなさんの書く文章は、考えたこと（思考）や言いたいこと（意見）、

つまり「主張」で形作られているはずです。文章を通じて「何が言いたいのか」に当たるのが「主張」です。主張はしばしば課題に対する「解答」となることがありますが、大切なことは、みなさんがその解答をどのようにして考え、導き出したかという過程です。この過程を示す方法が「論証」です。論証では、主張を導いた道筋を示すだけでなく、考え方そのものや思考の順序・妥当性など、内面部分まで提示することが可能です。

学術において主張を伝えるためには、自分の思考を整理して、わかりやすさを追求しなければなりません。

主張には、三つの機能を持たせることが大切です。次の文章を見てください。

「主張」と三つの機能

本学の大学図書館は、蔵書の増加と整理を定期的に行うべきである〔主張〕。○○大学は、20XX年に同様の改革を推進しており、同年中に学内利用者の増加と、学外利用者も含めた3年連続の総利用者増の実績を挙げている〔証拠〕。これに倣うことより、学生の学術だけでなく院生や教員の研究にも有益なものとなり、図書館利用の活性化と研究支援として併行できる〔根拠(理由)〕。このような大学図書館の運営改善が、学修・研究、さらには学生生活など多方面への対策となる〔結論〕。

上の例文の主張には、**主張・証拠・根拠(理由)・結論**が含まれています。このように、主張以外の三つの要素を含んでいるのが効果的な論証です。

しかし、主張が三つの要素を含んだとしても、学術的な主張とするにはまだ不十分です。上記例のような主張では、読み手が「本当にそう言えるのか」、あるいは「そうとは限らないのでは」と疑いをもちます。読み手が疑うような主張であれば、受け入れられること自体が難しくなります。そこで、主張を証明するための論証が必要になってくるのです。

2．主張を補強する「根拠」

レポートが読み手に受け入れられるためには、主張を根拠で支えなければなりません。

たとえば、「ルソー[*1]の教育観」についてレポートを作成しようとした場合、（最低でも）次のような手順を踏む必要があります。

> ① ルソーの教育に関する観念を研究するため、関連する著書や研究書などの文献を読み、レポート作成に必要な情報を集める。
> ② ①で得た情報を参考にしながら、自分の主張を裏づけるための情報を選び、論証の手順を考える。
> ③ ②までの過程で考えてきた内容を論証となるように文章化させていく。

このレポートでは、ルソーの思想だけでなく、歴史的背景やルソーに影響を与えた人物・事柄など、周辺のあらゆる情報を探究する必要があります。その研究の過程で、きっとなんらかの疑問や意見を持つことになるでしょう。この疑問や意見は、初めは漠然としたものであっても、研究を進めていくにつれて理解できたり、納得できたりするうちに、確かな意見として形作られていきます。しかし、これはまだ自分の中での理解であり、他者に発信しようとしたときには、その主張の妥当性を検証する必要があります。このときに必要なのが、主張を補強する「根拠」です。研究は他者を納得させることで認められますから、意見を証明する作業（主張）と発信する形に整えること（論証）の両方が伴わなければなりません。

[*1] フランスの思想家、ジャン＝ジャック・ルソー（1712-1778）のこと。主著とされる『社会契約論』のほか、教育学・教育哲学にも精通しており、晩年に教育論『エミール』を発表している。その思想は多くの研究者・学者に影響を与えている。

3．主張と根拠をつなぐ「論拠」

　主張と根拠をつなぐのが「論拠」です。どんなに立派な主張があり、それを証明できる立派な根拠があったとしても、他者に納得してもらうためには論拠が必要です。「AならばB」でAが根拠、Bが主張だとすると「ならば」にあたるのが「論拠」です。論拠は、主張と根拠の間で読み取れる内容であるため、文章で表現されていなくても読み手には伝わります。常識的判断や論理的帰結に近いものです。それだけに、だれにでも100％通用するというものではない曖昧さも含んだ判断になるのです。次のことわざを例に見てみましょう。

　たとえば、「風が吹けば桶屋が儲かる[*2]」という江戸時代のことわざは、次のような論拠に基づいていると考えられています。

---

① 風が吹くと、土ぼこりが立つ
② 土ぼこりが目に入って、見えなくなる人が増える
③ そこで、三味線を買う（三味線弾きは当時、盲目の人の職業の一つ）
④ 三味線には猫皮を使うため、市中のネコが減少する
⑤ ネコが減れば、ネズミが増えてしまう
⑥ 増えたネズミが桶をかじる
⑦ 桶の需要が増えて、桶屋が儲かる

　ここでは、主張が「⑦桶の需要が増えて、桶屋が儲かる」で、その根拠が「①風が吹くと、土ぼこりが立つ」になります。つまり、①と⑦の間には、②～⑥の多くの論拠があるわけです。しかし、このことわざは、どう考えても論証として成り立たないのがわかります。②～⑥の論拠は、稀少な仮説に基づいており、その結果ごくわずかなケースにおいてのみ⑦の主

[*2] あることが原因となり、その影響が巡りめぐって意外なところに及ぶことの意。また、当てにならないことを期待する意味としても用いられる。このたとえは、因果関係として成り立たない事象を無理矢理つなげた（こじつけ）理論を指します。

張が成り立つと考えられます。したがって、この例の論拠は認められないことになります。

では、本来の論拠とはどのようなものか、次の例を見てみましょう。

> 月が暈(かさ)をかぶると雨

この例文は、天気にまつわることわざです。この例では、主張が「雨（が降る）」で、根拠が「月が暈をかぶる（根拠）」です。

気象の分野では、月に雲がかかる現象を「月暈(げつうん)」と言います。これは、明るい月の周りに光の輪が現れる大気光学現象のことです[*3]。この暈は、氷の結晶でできた薄い雲によって生じます。この薄い雲ができると、そのはるか西には移動性低気圧が存在します。このため、数日後には雨になると予測できるのです。

したがって、この例では、論拠が気象の分野の科学的な論理に基づいていて、主張と根拠を裏付けているのがわかります。

ここまでは、ことわざで論拠を見てきましたが、実際の文章で論拠を可視化すると次のようになります。なお、論拠は（　）内の部分です。

> 日本は近年、教育に関する課題への取り組みを活発化させていると言える。[根拠]
> （文部科学省では、2020年に教育再生を通じて日本を再生しようという動きがある。これは、現在の「少子化・高齢化」とそれに伴う「経済成長の鈍化」によって、社会保障制度の存続が困難になり、将来的に安全・安心な社会実現が難しく、一人ひとりの豊かな人生の実現も困難と予測していることによる。）
> したがって、社会全体が教育への関心を持つことと同時に、自治体としても教育機関と一体となって教育政策を積極的に進めていかなければならない。[主張]

---

*3 この月暈という現象は、その原理が虹の現象とよく似ていて、月が見える空に薄い雲が広がっている状態です。雲は氷の結晶でできているため、月の光によってその光が広がったり、屈折したりします。この光が集まって、輪のように見えるのが月暈です。

このように、文章を論証として成立させ、説得力を高めるためには、主張と根拠を結びつけることが不可欠です。そのためには多くの人が納得する論拠を意識する必要があるのです。

　ここでは、一節の中での論証を見ました。しかし、一節ずつの論証が認められたとしても、文章全体の論証も成り立っていなければ、主張が認められることにはなりません。

　文章を作成する上では、主張だけでなく、それを支える根拠や裏付けとなる論拠などにも十分な説得力があるように論証を組み立てていきましょう。

【主張と根拠の関係：(例) 携帯電話の「ながら歩き」の主張】

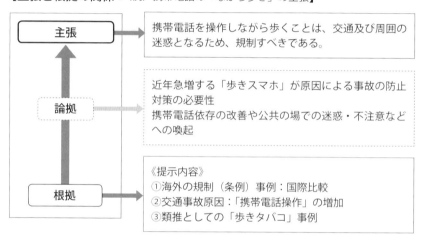

　上記例は、一見認められそうな主張です。

　しかし、携帯電話を操作しながら歩くことへの規制は、極めて困難であることが容易に予測されます。

　このように、**主張や根拠あるいは論拠のいずれかに認められにくい要素が含まれていると、主張そのものが信用されなくなります。**

4. レポートで主張を認めてもらう

　レポートで主張を認めてもらうためには、客観的かつ論理的でありさえすればよいというわけではありません。読み手に認めてもらうためには主張としての「ふさわしさ」が必要です。

　そこで、主張がふさわしいと判断されるための「前提」を考えてみましょう。

　論拠が「常識的」であるのと同様に、前提は「良識的」であることが求められます。たとえば、「福祉施設を増設すべきだ」という主張をするとします。この主張の前提として、①高齢化により高齢者数が増加している、②施設が不足している、③既存の福祉施設では入居者の受け入れ定数に限りがある、などが読み手との間で暗黙のうちに共有できます。つまり、主張を見るだけで、ある程度、論理の妥当性を予測することができるのです。

　そこで、主張を認めてもらいやすい前提の条件を考えてみましょう。

　前提の条件には次の三つが挙げられます。

> ① 自然界の法則で決まっていること
> ② 人間社会の法則・規則で決まっていること
> ③ 社会一般で通用すること・当然のこと

　たとえば、「児童期からの携帯電話依存は社会的な問題である」という主張を述べようとします。この主張の前提は「青年期の携帯電話依存は、小・中学生の携帯電話所有率が7割を超えた現在、児童期からの携帯電話所有が要因と考えられる」です。その背景には、「携帯電話を所有している小・中学生の何割かがすでに携帯電話依存という問題を抱えている」現状があります。そこで、この後の論証では、①児童期の携帯電話依存の問題、②青年期になっても児童期の携帯電話依存に影響されている問題、のうちのいずれかについて述べられることが予測できます。

主張（文章化されている）
　現代では、小・中学生の携帯電話所有率が7割を超え、児童期からの携帯電話依存が問題視されるようになってきている。

前提（文章化されていない）
　青年期の携帯電話依存の大半が、児童期からの携帯電話所有が要因として挙げられる。

論証（推測）
①児童期の携帯電話依存の問題に言及するものか。
②青年期になっても児童期の携帯電話依存が影響されている問題に言及するか。

背景（文章化されていない）
　携帯電話を所有している7割の小・中学生のうち、何割かの小・中学生が携帯電話依存という問題を抱えている。

ワーク2-4 ▶ 考察問題

次の文章を読み、「前提」になっている部分を考え、その妥当性を検討しましょう。

　昨今のいじめ問題は、幼少期の地域交流の希薄さや児童期の消極的なコミュニケーションによるところが大きい。

（前提）

　この例文では、主張そのものは納得できるものの、実はその前提は誤っています。

　まず、「幼少期の地域交流の希薄さ」とありますが、これを証明するには子どもの地域交流の実態を過去のデータと比較して、希薄になっている事実を挙げなければなりません。そのためには地域交流の現状を示すデータを集めた上で、「希薄」とする根拠を証明する必要があります。また、「児童期の消極的なコミュニケーション」についても、過去のデータと比較し、消極的になっていることを事実として明示しなければなりません。あるい

は、幼少期や青年期と比較して、児童期が消極的になりうる根拠を証明することも考えられます。つまり、「消極的」という根拠を提示しなければ、主張が認められないのです。したがって、解答は「前提がおかしい（主張として成立しない）」になります。

ワーク2-4 ▶ 解答例

妥当性はない（前提は認められない）

　もし、あえて解答を挙げるのであれば、「幼少期の地域交流と児童期のコミュニケーションの充実を図ることで、いじめ問題の改善につながる可能性がある」となります。よって、この主張は（これ以外にも考察を深める必要があるため）視野が狭く、偏った前提であることがわかります。

　主張を述べる場合には、読み手に誤った前提を立てていると判断されないように、証明が成り立つことを確認することが大切です。

[主張]
　昨今のいじめ問題は、幼少期の地域交流の希薄さや児童期の消極的なコミュニケーションによるところが大きい。

[論証]
　主張が認められるためには、「前提」を証明するための展開が必要になる。

[前提]
①幼少期の地域交流が希薄である。（←事実証明が必要）
②児童期のコミュニケーションは消極的である。（←比較証明が必要）

　一般論としては正しいと思えるものも、特定の前提や集団においては事情が異なる場合があります。主張しようとする内容が具体的に取りあげる例において通用するかどうか、みなさん自身が深く考え、検証した上で述べなければなりません。みなさんの「言いたいこと」は、このような前提や文章での証明に基づいて述べることで、はじめて「主張」として受け入れてもらえることに十分留意しましょう。

Ⅵ　検索機能の活用

　私たちは、生活の中でインターネットの情報検索ツールを使ったり、容易に閲覧できる web サイトを日常的に利用したりするようになりました。しかし、ネットで入手した情報は果たして「本物」と言えるのでしょうか。

　みなさんが、もし「簡単で便利だから」「みんなが使っているから」という理由で利用し、さらにその内容を疑うことなく信じるとしたら、それに影響を受けた思考や言動は危険であると言わざるをえません。

　みなさんは、インターネットから得られる情報が、学術としての「信憑性」や「確実性」を満たしているかを確認する必要があります。特にブログやツイッター、Wikipedia などを閲覧する場合は、情報そのものの価値を見直す意識と、信頼性を判断できる能力が必要です。

　みなさんにとってまず大切なことは、自分が調べている情報媒体や情報検索ツールが、**どの程度の信頼性を持つかということを認識する**ことです。ただやみくもに情報を検索し、手当り次第に得た情報をむやみに信じてしまうやり方は、学術として賢明な手法とは言えません。

１．テーマに関する概略的な知識を得る

　知識・情報を得るためには、「検索エンジン」でキーワードを入力し、検索によって情報や知識を収集する方法がもっとも簡便でしょう。しかし、入力のしかた、つまりキーワードや言葉の組み合わせによって、収集できる情報・知識が異なってきます。ふだん私たちの目に留まりやすい情報は流動的で、信頼性の低いものがほとんどです。検索エンジンを活用した情報検索では、体系的でまとまった情報、すなわち信憑性の高い情報が、図書館やデータベースなどの見つかりにくい場所に保管されていることを理解しておくことが大切です。

２．本格的に情報を収集し、論点を見つける

　検索エンジンの中には、信憑性の低い情報もあれば、学術に向く信頼で

きる情報も含まれています。みなさんが新しい情報に当たる際は、まず図書館のデータベースを利用して、大学図書館の蔵書検索を当たるか、朝日新聞の「聞蔵Ⅱ」、読売新聞の「ヨミダス歴史館」、日本経済新聞の「日経テレコン21」などで調べるのがよいでしょう。

　書籍の検索は、図書館の蔵書検索を用います。学外の場合には、国立情報研究所「GeNii」を用いるとよいでしょう。さらに、証拠となる信憑性の高いデータを調べたい場合は、学術雑誌の論文サイト「CiNii」や、各種の白書、統計資料などを調べることが適切です。

ウェブ上で調べることができる「学術向き」の情報（検索）媒体例

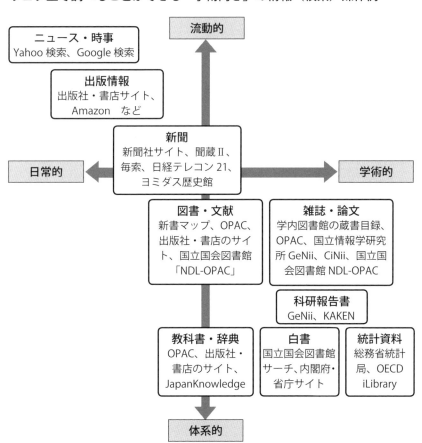

Ⅶ レポート・ライティング実践

1．レポート作成の基本的な推敲手順表

①主題を決める・主張を練る

　自分なりの「問い」を立てることで、主題を決めます。主題とは、文章の中心になる部分です。みなさんがレポートで述べる文章を、一行で要約することで、主題となります。

②アウトラインを作成する

　アウトラインは、文章を書き始める前に、文章全体の見通しを立てることです。アウトラインを作成することで、文章の大まかな流れや道すじを作ります。
　アウトラインを考える場合、全体の内容を章や項ごとに分け（パラグラフ）、その章ごとの内容が論理的でかつ一貫した内容になるように順序よく並べていきます。

③主張や前提を整える

　アウトラインに肉付けをしながら、草稿（下書き）を作成していきます。その際、主張と前提が整っているかを適宜確認していきます。
　それぞれのアウトラインごとに、特に述べたいことを挙げていきます。ここでは、みなさんが述べたい、あるいは述べるべき要素を挙げていくことが大切です。

④根拠や反論などを立て、論証を組み立てる

　⑤と併行して、論証部を組み立てていきます。適切な根拠や予測できる反論を立て、③で推敲した主張を補強していきます。この論証部の推敲が、レポート全体の質を左右します。

⑤参考と引用で論証部を補強する

　根拠（証拠）を組み合わせて、論証を組み立てていきます。引用する場合、作法に則って表記します。参考・引用を提示することは、みなさんのレポートの内容だけでなく、学修そのもののありかたが見られることを理解しましょう。

⑥論証を結論につなげ、全体を整える

　レポート全体の総仕上げです。レポートは、課題や解答によって、結論部の形成のしかたが変わってきます。的確な解答を導く意識を持ち、文章全体を俯瞰しながら飛躍や矛盾に留意してまとめましょう。

⑦文章を校正する

　読み手（評価者）の理解や納得に充分配慮して、評価を得られるように修正していきます。その際、誤字・脱字の初歩的な修正だけでなく、論理的な説明になるよう論証部を十分に推敲して整えましょう。

2．作成した文章への批判的検証

　レポートの評価は文章力と比例しています。みなさんが文章作成力を身につけることで、自ずとレポートの質も向上するでしょう。

　文章作成力を向上させるために欠かせないのが「批判力」です。ここでの「批判力」は、自分の作成した文章に対して、批判的視点で捉え直すことを言います。自分の主張や論証に対して、できるだけ客観的な立場から批判をすることで、論証部分の補強ができるのです。

　下のリストを参考に、批判的視点を推敲や校正作業に取り入れて、質の高い論証展開ができるようにしていきましょう。

作成文章への批判的検証リスト

1. 論点の抽出を試み、明白であるか確認する。明白でない場合は、文章の一貫性に配慮し、論点を定める。
2. 文章全体のバランスを見て、主張よりもその根拠が多くを占めているか確認する。
3. 根拠とそれを支える証拠との関係（質・量ともに）を充分検証する。

4．挙げているキーワードに関して、どのように定義しているか確認する。定義や概念について、自分の認識の整合性を意識する。
5．文章から読み取れる内容に矛盾や飛躍がないか確認する。
6．文章から前提がどのように成り立っているか確認する。
7．客観的な視点で読むか、他者に読んでもらい、その感じ方・反応を受け止め、文章を改善する。
8．再び1に戻る。

(T・W・クルーシアス／C・E・チェンネル著、杉野俊子ら訳（2011）『大学で学ぶ議論の技法』慶應義塾大学出版会、p.27 をもとに筆者作成)

参考文献

◆ 大島弥生ほか（2009）『日本語表現を育む授業のアイディア－大学の授業をデザインする』ひつじ書房

◆ 関西地区FD連絡協議会／京都大学高等教育研究開発推進センター編著（2013）『思考し表現する学生を育てる ライティング指導のヒント』ミネルヴァ書房

◆ 佐藤健二（2014）『論文の書きかた』弘文堂

◆ スーザン・A・アンブローズほか著／栗田佳代子訳（2014）『大学における「学びの場」づくり』玉川大学出版部

◆ ティモシー・W・クルーシアス、キャロリン・E・チャンネル著／杉野俊子ほか訳（2011）『大学で学ぶ議論の技法』慶応義塾大学出版会

第3章 ESコース

ESコース

就職で頭ひとつ抜け出すためのES作成力

◎ ES作成の課題チェック

　ES（エントリーシート）とは、企業が独自に作成している応募書類のことです。いわば企業専用の調査書と言えます。通常の履歴書が学歴など個人情報の記入を主眼にしているのに対して、ESは学生の個性や人柄といった内面を見ることを重視しているのが特徴です。

　そのためESにはどのように書くべきかという正解はありません。企業によって求める人材も違います。エントリーする学生が自分の評価を知ることもできません。ESの解答（基準）は企業の人事部や採用を判断する社員が独自に定めているため、公になることがないからです。毎年、ある程度同じ基準を設けている企業もあれば、採用基準が微妙に修正される企業もあります。したがって、採用試験を受けてみなければわからないのです。とはいえ、どのようにESを作成すれば「妥当」と判断されるかということは、**論理的に追求していけば見えてくる**ものです（Ⅰ参照）。

　その解答を得るための指針は、まず**企業側の視点を探る**こと、次に**企業人としての自覚を持つ**ことにあります。そのためには、充分な業界・企業研究を行い、企業人として的確な視点とプロ意識を備えることが大切です。そして、特に重要なのが「自分と向き合うこと」と「記述法」です。

　本書では、ES作成の具体的対策の一つとして、フィードバックという手法を用いて、**これまでのみなさん自身と向き合い**（Ⅱ参照）、これからの就職活動での**ES作成に向けて、できる限りの省察を行っていきます**（Ⅲ参照）。最終的には、業界・企業研究をもとに、**適切な論証法で記入する**ことを目指します（Ⅳ参照）。

　それではⅠ～Ⅳを学習する前に、まずみなさんの課題をチェックしてみましょう。

ES作成の課題を見つけるための心理チャート

みなさんは、ESについてどの程度理解し、どのようなイメージを持っているでしょうか。

この心理チャートは、みなさんがこれからES作成を学習する前に、ESについて自己理解を深めるヒントです。自分に合ったES作成法を見つけて、ESの学習をすすめるきっかけにしましょう。

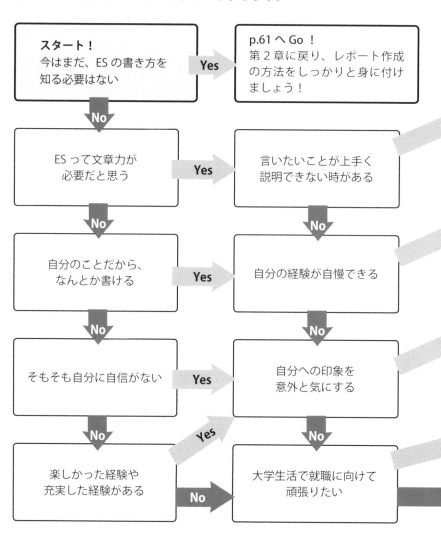

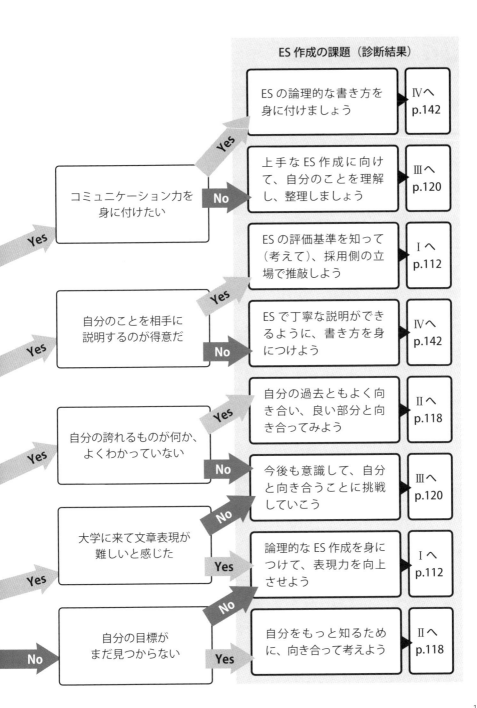

Ⅰ　ESの基準と評価

　ES作成では、読み手にいかに読んでもらうかを考えることが大切です。ESの読み手とは、人事採用担当者（以下、採用担当者）です。採用担当者に興味をもって読んでもらうためには、自分の魅力が文章に現れるような工夫をし、読み手を惹きつける表現をすることが大切です。とはいっても、ESは企業によって一律の体裁が定められており、その制限内（一定の文字量）で表現しなければなりません。また、採用側が大量のES（多数の応募者）すべてに目を通すことは困難な場合もあります。せっかく丹精込めて書いたESが、読まれていない場合もあるかもしれません。それでもやはり、たった一枚のESがみなさんの将来を決める可能性は常にあるのです。表現力を磨き、読み手を惹きつける文章が書けるように練習しておきましょう。

　本章では、ESを作成する際の工夫に焦点を絞り、いくつかの視点から捉えていきます。

本稿で進めるES作成の手順
　Ⅰ．ESの基準と評価　p.112～
　Ⅱ．自己分析の実践　p.118～
　Ⅲ．自己の探求　p.120～
　Ⅳ．ES作成法　－ロジカルライティング法－　p.142～
　Ⅴ．ES作成の実践　p.145～

1．ESで書くべきことを考える

　みなさんは、ESで「自己アピール（PR）」しようと考える場合、どのように書こうとするでしょうか。たとえば、「趣味」あるいは「特技」の欄に記入する場合、次のように書くことが習慣になっていないでしょうか。

簡単に回答してしまった悪い例

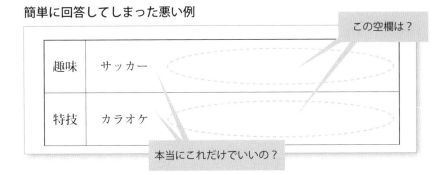

　上記のような記入欄では「趣味」を聞かれているわけですから、たとえば「サッカー」や「野球」というように、単語で答えてしまいがちです。また、「特技」の欄でも、「絵を描くこと」や「英会話」、あるいは「だれとでもすぐに仲良くなれること」など、普段の会話やメールと同じ表現で書き込んでしまうのではないでしょうか。

　このように、趣味や特技を聞かれると、主観的な基準をもとに最低限の答えを書き記してしまいます。しかし、ESで答えるべき内容として考えたときには、企業側が「趣味はあなたにとってどのようなものか」、「特技があなたに備わったのはなぜか」という詳しい部分を知りたいのだと推測できます。たとえば、「社交的な性格」は、「初対面の相手とも会話を楽しむことができる」や「人と会ってコミュニケーションを図ることが好き」などと、業務の場面を想定して具体的に表現すべきです。さらにこの後で、前向きな表現を用いて内容の詳細を説明します。

2．ESの観点（評価）について考える

　みなさんは、こうした記入欄について、「なぜ趣味を書くだけなのに、こんなに空欄が大きいの？」とか、「こんなに大きな記入欄を埋めるほど、たくさん趣味はないのに」などと疑問に思ったことはないでしょうか。

　大きめの空欄を設けているのには、それなりの理由があります。この場合、単語や箇条書きでの記入を求めているのではなく、「文章で克明に記してください。こちらはこのスペースに書ける範囲で詳細を知りたいので

す」というメッセージを暗にみなさんに伝えています。空欄の使い方は、質問項目に的確に答える以外は、皆さんに任されているわけですから、どのくらいの文字量が書けるのか試されていると思って、確認しながら記入することが賢明でしょう。

それでは、「趣味」や「特技」を文章で詳しく記入するとは、どういうことなのでしょうか。次の質問に答えながら見ていきましょう。

▶省察問題

以下の①〜④の「趣味・特技」についての質問に、客観的に丁寧に答えなさい。

質問①：趣味・特技になったのは、いつですか。
質問②：趣味・特技になったのは、なぜですか。
質問③：この趣味や特技は、現在どのようなときに行いますか。
質問④：この趣味や特技は、あなたにどういった効果をもたらしていますか。

▶解答例　省略

みなさんが趣味や特技として記入する物事には、必ずと言っていいほどそれなりの理由があるはずです。たとえば、趣味を「サッカー」としている人は、そのサッカーをどのようなときに行い、サッカーを行うことでどのような気持ちになるかを知っているはずです。そして、サッカーが自分にとってどのような効果をもたらしているのかも考えれば、詳しい説明が見つけられるはずです。この作業で探ることができた詳細を読み手に知らせることがES作成なのです。

趣味は、みなさんにとっては、なくてはならないものであるはずです。なくてはならない趣味なのでしたら、それが生活や仕事にもたらしている効果もわかるはずです。

ESで表現された「趣味」や「特技」が、みなさんの生活を充実させて

いると判断されれば、それは仕事へも好影響をもたらす要因となりうることがわかります。つまり、「その趣味はプライベートを充実させたり、人間的な魅力を育てるようなものかどうか。もしくは自分を向上させる努力が仕事にも共通するような趣味かどうか」ということを見たいのです。

3．ESの目的を考える

自分に関する質問には、必要最小限の回答でよいと思うかもしれません。それはみなさんが普段身近な人たちとのごく簡単なコミュニケーションで生活しているからです。身近な人たちは、最初から好意的に理解しようと努めてくれるため、みなさんの内面を厳しく追及するようなことはありません。しかし、ESではまったく逆で、採用側はみなさんの本質を見抜こうと、厳しい目で読んでいます。

企業にとってESは、**これから共に働き、会社の運命を共有する仲間を選ぶための選考書類**です。採用後には能力を発揮してもらうのと引き替えに報酬や給料を支払わなければなりません。そのためESは、果たして一緒に働ける人か、企業の利益に貢献してくれるかどうかという視点で読まれています。少しでも不安要素や心配事があれば問題視しないわけにいきません。

空欄を利用し、具体的に記入した良い例

趣味	週末にゼミ生で集まり、サッカーをします。サッカーの後には、勉強のことやプライベートのことを打ち明け、相談し合うサークル活動のようなことを行っています。
特技	計算が得意です。中学生の頃に、珠算○級を取得したこともあり、難しい計算でも暗算でこなせるようになりました。時々、友人にも頼まれることもあり、自分が人の役に立っていると実感しています。

記入欄が必要以上に大きい場合、「趣味」や「特技」を問われるのであれば、詳細を記載する必要があります。たとえば、サッカーについて書く場合、上のように記入すると、「サッカー」が書き手にとってどのような

影響を持つのかが伝わります。

　他にも、たとえば「日頃からプライベートでも旧友と過ごしながら、悩みを相談したり談笑したりしてストレス発散をしています」と詳しく打ち明ければ、採用側が抱く「ストレスの発散」という不安な要素をあらかじめ払拭することができます。

　このように、ES作成での回答を考える際には、企業側の質問意図を探って答えることが大切なのです。

4．ES作成の意図

　ESでは、「人間性」が見られています。この「人間性」とは、みなさんの内面に潜んでいる、見えにくい部分です。その人の考え方や性格、理念や意識と置き換えてもよいでしょう。つまり、企業は自社が目指している方向性や同じ理念・意識を持つ「人材」を求めているのです。

　ESの基本は、**「回答から人間性がどのように読み取られるか」**を考えて書くことです。採用側は、必要な人材かどうか見極めるため、（厳しい言い方ですが）この人が企業で働けるか、そして利益をもたらしてくれるか、ということをESという判断材料で見極めるのです。採用側は、ESを利用してみなさんの将来性や総合的な能力を割り出し、いずれ企業にとって必要な人材になりうるか否かを見極めているのです。

5．採用側のESの見方

　企業によって選考方法や採用の基準（視点）が異なるように、ESにも実にさまざまな見方があります。たとえば、ESを最終選考の資料として扱う企業もあれば、いわばふるいにかける意図で書類審査の資料として扱う企業もあります。他にも、採用が決まるまでの間に、度々目を通して選考材料とする企業もあるなど、内定（採用決定）が出されるまでの過程で、どのように扱われているかは企業によってさまざまなのです。ただ一つ言えることは、およそ8割以上の企業の採用担当者が「求める人物像」を明確にしているということです（経済産業省、2010）。しかし、ESの参考・評

価の仕方に加え、どの程度 ES を信用しているかということ、さらには ES を採用基準に加えているか、といった部分は公表されていません。ただし、奇をてらうような質問項目がないということは言えます。

ES を 30〜50％程度の評価資料とするといった具体的基準を公表している企業もあります。このような企業は ES を評価対象として高く見ていると言えますが、大半の企業が参考資料として扱うことが想定できます。ES はおそらく合否の決定材料ではなく、参考程度の位置づけということです。

しかし、ES 作成は、最終的に採用の決め手にもなりうることを想定して、誠意を尽くすという心がけがふさわしいと思います。

6. 採用側の視点で ES の価値を考える

ES を作成する前には、採用側から見る ES の価値を考えておくべきです。たとえば、大手企業はエントリーだけでも数百人という多数の応募者がいるため、全員の ES に隅々まで目を通すことは不可能と言えます。この企業の観点で ES を考えると、初期の段階では参考程度の資料として扱われる確率が高いと理解することができます。反対に、しっかりと目を通すことができない分、（不採用の決め手となるような）ミスが目についた場合には、不合格の決め手になるとも言えます。

このような採用側の ES の視点を簡単に見分ける方法は、ES の課題や質問項目をよく見ることです。難しい問題や課題であれば、評価も高く、時間をかけて見られている可能性があります。逆にそれほど難問でなければ、不安要素や心配事を探られていると想定できるため、誤記入をしないことが重要です。他にも、比較的しっかりと考えさせられる質問や課題であれば、採用側は合否の判断をするにふさわしい資料として活用していることが想定できます。

どのような質問・課題であっても、採用側の目的は「人材としての人間性を見たい」ということにあります。つまり、答えそのものを求めているのではなく、答え方や書き方から人間性を見抜こうとしているのです。

Ⅱ 的確な自己分析で自分と向き合う

ESを書くためには、採用側から出される質問意図を見抜き、自分の内面を的確に表現する文章力が必要です。そのためにはまず、今現在、自分が持っている能力について、充分に知っておく必要があります。「自己分析」という手法を用いて、自分についての理解を深めましょう。この自己分析は、ES作成だけではなく、就職活動全般において不可欠です。

ここでは、自己分析を行う前に、採用側の視点から、みなさんが求められていることに目を向けてみましょう。（自己分析は、Ⅲ（p.120）で行います）

1．ES作成前の自己分析で意識すべきこと

株式会社リクルートキャリアが2015年に実施した調査「企業の応募学生に対する評価、学生の自己評価」では、企業と応募学生のギャップが比較された結果が示されています。

このグラフには、企業の評価と学生の自己評価とのギャップが表されています（他にも、選択肢は「どちらかというと十分」「どちらともいえない」「どちらかというと不十分」「不十分」がある）。上記5項目においては（太

企業と学生（自己）がそれぞれ「十分」と回答した値のギャップ（100％中）

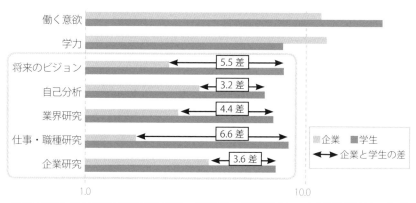

（出典：就職みらい研究所「就職白書2015－採用活動・就職活動編－」より筆者が抜粋して作成）

枠内)、学生が平均 7.42 ポイント「十分」と自己評価しているのに対して、企業は平均 2.76 ポイントしか「十分」と評価していません。つまり、**5 項目で平均 4.66 ポイントの意識の差(ギャップ)がある**ことがわかります。さらに顕著な結果として、企業は「学力」を一番評価しているのに対し、「仕事・職種研究」をまったくというほど評価していません。

　このように企業側の視点に立つと、みなさんに求められている能力と今から向上させるべき能力がわかるだけでなく、「将来のビジョン」を明確にするために、「自己分析」を行うことの大切さがわかります。

2. 自己分析の必要性

　ES 作成に活かすための自己分析は、単に過去の振り返りを行うだけでなく、自分の能力や意思について分析し、今後につながる自己研鑽の目標設定に役立ちます。

　まず基本となる作業は、志望する企業が求める人材像を把握することです。この人材像は、企業によって公表・未公表があります。

　次に、自己分析を行い、自分のどの部分が求められる人材像に当てはまっているかを照合します。当てはまっている部分は、特に意識する必要はありませんが、当てはまらなかった部分は「目指せる(できる)項目」と「目指せない(できない)項目」とに分ける必要があります。目指せない項目を意識することで、挑戦可能な分野と不可能な分野を区別することができます。限りある時間の中で「これから身につける(改善する)能力」を意識することも重要です。

　ほとんどの企業が、HP 内の「採用情報」のページで、会社・仕事・採用などの情報を提供し、自由に閲覧できるようにしています。志望する企業の HP だけでなく、競合他社の情報を得たり、新聞・雑誌記事やニュースを検索してみたりして、さまざまな角度から自分が社員として働いているイメージを描いてみましょう。

　自己分析は、客観的な視点で自分の能力を的確に評価する作業です。評価というと、とかく「賞」や「資格」に偏ってしまいますが、本来の自己

分析は違います。ここでの「自己分析」は、自分と向き合うことで能力や内面など無形の力について知り、社会の基準（一般常識）を理解して、企業採用の基準を満たしていくということです。まずはみなさんが自分の欠点や短所を理解するように努める必要があります。

Ⅲ 自分の内面を磨くための自己探求

1．ES 作成のための自己分析

　近年、企業が「社会人基礎力」を重視する傾向が強くなってきています。この「社会人基礎力」とは、「職場や地域社会の中で多様な人々とともに仕事を行っていく上で必要な基礎的な能力」です。いわば、職場で求められる能力です（経済産業省、2006）。

３つの能力／12 の能力要素

前に踏み出す力（アクション）
一歩前に踏み出し、
失敗しても粘りづよく取り組む力

・主体性
・働きかけ力
・実行力

考え抜く力（シンキング）
疑問を持ち、考え抜く力

・課題発見力
・計画力
・創造力

チームで働く力（チームワーク）
多様な人々とともに、
目標に向けて協力する力

・発信力　・状況把握力
・傾聴力　・規律性
・柔軟性　・ストレスコントロール力

（出典：経済産業省「社会人基礎力（３つの能力／12 の能力要素）」経済産業省 HP）

社会人基礎力の能力要素

前に踏み出す力（アクション）	●**主体性** 物事に進んで取り組む力 例）指示を待つのではなく、自らやるべきことを見つけて積極的に取り組む。 ●**働きかけ力** 他人に働きかけ巻き込む力 例）「やろうじゃないか」と呼びかけ、目的に向かって周囲の人々を動かしていく。 ●**実行力** 目的を設定し確実に行動する力 例）言われたことをやるだけでなく自ら目標を設定し、失敗を恐れず行動に移し、粘り強く取り組む
考え抜く力（シンキング）	●**課題発見力** 現状を分析し目的や課題を明らかにする力 例）目標に向かって、自ら「ここに問題があり、解決が必要だ」と提案する。 ●**計画力** 課題の解決に向けたプロセスを明らかにし準備する力 例）課題の解決に向けた複数のプロセスを明確にし、「その中で最善のものは何か」を検討し、それに向けた準備をする。 ●**創造力** 新しい価値を生み出す力 例）既存の発想にとらわれず、課題に対して新しい解決方法を考える。
チームで働く力（チームワーク）	●**発信力** 自分の意見をわかりやすく伝える力 例）自分の意見をわかりやすく整理した上で、相手に理解してもらうように的確に伝える。 ●**傾聴力** 相手の意見を丁寧に聴く力 例）相手の話しやすい環境をつくり、適切なタイミングで質問するなど相手の意見を引き出す。 ●**柔軟性** 意見の違いや立場の違いを理解する力 例）自分のルールややり方に固執するのではなく、相手の意見や立場を尊重し理解する。 ●**情況把握力** 自分と周囲の人々や物事との関係性を理解する力 例）チームで仕事をするとき、自分がどのような役割を果たすべきかを理解する。 ●**規律性** 社会のルールや人との約束を守る力 例）状況に応じて、社会のルールに則って自らの発言や行動を適切に律する。 ●**ストレスコントロール力** ストレスの発生源に対応する力 例）ストレスを感じることがあっても、成長の機会だとポジティブに捉えて肩の力を抜いて対応する。

（出典：経済産業省（2006）「社会人基礎力に関する研究会『中間とりまとめ』（本文）」

社会人基礎力は、みなさんが仕事に取り組む上で基盤となる能力と考えられています。したがって就職を考える場合、大学生活内での社会人基礎力の養成がきわめて重要になります。

　ESも「社会人基礎力」の観点で見られています。経済産業省の調査（経済産業省、2010）によると、約7割の人事採用担当者が「社会人基礎力」で挙げられている資質を重視するとしており、特に新卒採用課程全般、つまり採用・入社直後に最も重視すると回答しています。

企業が「社会人基礎力」を重視している事例 (河合塾著/経済産業省編、2010)

ケース①　IT業界・企業A：前に踏み出す力を重視

　組織の中で一人ひとりが自分で考え、積極的に協働していく力を伸ばしてほしいです。システムの仕事では、お客様がいて成り立っているため、その仕組みを知り、ニーズを吸い上げる多様性が必要です。受け身ではなく、役割を買って出てくるような学生を期待します。

　求められる能力　前に踏み出す力…主体性、実行力

ケース②　電機メーカー・企業B：チームで働く力を重視

　みなさんが知っている知識や情報をほんの数分で「どのように伝えられるか」が重要です。いくら専門的知識があっても、報告する際に「テーマの価値・将来性・採算」などを理解してもらえるように説得力（発信力）を身に付けることが大切です。

　求められる能力　チームで働く力…発信力

ケース③　住宅メーカー・企業C：三つの力を重視

　採用基準は、お客様のニーズが変わるように、採用のしかたも変わります。その要件は細かく定め、「バイタリティ、創造的思考力、

状況適応力、ストレス耐力」の4項目を重視しています。前に踏み出す力に加え、創造的に物事を考え、課題を見出していく力を見ています。

> 求められる能力　前に踏み出す力・考え抜く力・チームで働く力
> … 課題発見力、創造力、柔軟性状況把握力

　みなさんは企業側の採用基準や求める人材像に合わせて、これから社会人基礎力を身につけていく必要があります。社会人基礎力について自己分析を行い、社会人としてのタイプや職種別に求められる能力を知り、ES作成に活かしましょう。

2．自分の性格・タイプの評価チェック

　性格のタイプを見る一つの指標として、「エニアグラム」というものがあります。このエニアグラムは、性格を九つのタイプに分類し、それぞれのタイプ別の分析に基づいて自己成長を促します[*1]。各タイプの解説は、自分を理解するだけでなく、その分析を基にみなさんが企業や他者と関係をつくるための課題を提示し、そして今後の対策や可能性を示唆してくれます（ティム・マクリーン、高岡よし子監修、2013）。

　エニアグラムは、自己啓発やマネジメント、人材育成やキャリア開発など、日本国内でも多数の企業で導入されています。ES作成でもエニアグラムを目安の一つとして活用できます。エニアグラムによる自己診断によって、今後のES作成でどのような点をアピールしていくべきかを考察してみましょう。

＊1　本来「エニアグラム」が示すのは「タイプ診断テスト」で、質問群（Ⅰ・Ⅱ）のうち六つの文章から、最も当てはまると思う二つの文章を選ぶというものです。本書の「性格・タイプ診断」は、この「タイプ診断テスト」をもとに、筆者が「社会人基礎力」の養成に見合うように作成したものです。（参考文献：ティム・マクリーン、高岡よし子監修『エニアグラムで分かる9つの性格』マガジンハウス、2013）

性格・タイプの評価チェック

①Ａ表で、「性格・タイプ診断」をもとに自己診断を行います。

②診断結果をもとに、Ｂ表で性格タイプを割り出します。

③割り出した性格タイプをＣ表と照合し、今後の課題を探ります。

《Ａ表》

下記のＡ～Ｃの３項目（Ⅰ分類）のうち最も当てはまる項目を一つ、Ｄ～Ｆの３項目（Ⅱ分類）のうち最も当てはまる項目を一つ、計二つを選択してください。

Ⅰ分類	Ａ.	私は、将来の志望先も、短期的な目標も明確に決まっています。今からでも就職に向けて、やるべきことを自覚していますので、計画的に勉強を進めていくつもりです。新しいことや興味があることに、積極的に挑戦していきたいと考えています。
	Ｂ.	仕事（就職）に対する意欲と責任感は強いと思います。そのため、周りにはよく気を使い、相手のことを考えて行動します。自分でも自信を持って行動することが多く、納得した上で決断したいと考えています。
	Ｃ.	積極的に他者と関わることは得意ではありませんが、周りの状況をよく観察し、把握することは得意だと思います。集中力はある方だと思いますし、よく自分一人で行動することがあります。
Ⅱ分類	Ｄ.	あまり計画的ではないのですが、その時その時で臨機応変に対応することで、解決できると考えています。前向きな思考や意識を心がけているので、あまり悩まずにマイナスなことや問題などを深く考えないようにしています。
	Ｅ.	ものごとを冷静になって考えることが得意です。感情的になることが少ないため、友人にはよくクールに見られることがあります。冷静になって考えることで、じっくりものごとを捉えて考えることができると考えています。
	Ｆ.	問題が起こったり、おかしいと感じたりすると、一生懸命考えてしまいます。そのような周りのものごとに対して悩んだり考えたりすることで、自分の気持ちを発散できると考えています。ものごとが解決すると、気分がすっきりすることが多いです。

《B表》
A表で当てはまった2項目をもとに、下記の性格タイプを選んでください。

ADタイプ	⑦ものごとを計画的に進めて、仕事も人生も楽しみたい
AEタイプ	③効率を考えて努力しながら、着実に成功を収めていきたい
AFタイプ	⑧正義感や誠実さを大切にし、自分が考えることを主張して認めてもらいたい
BDタイプ	②協調性を大切にし、助け合うことで周囲に自分の必要性を感じてもらいたい
BEタイプ	①自分の考えるように行動し、信頼される人間であると評価してもらいたい
BFタイプ	⑥責任感と誠実さを大切にし、慎重かつ忠実な進め方をしていきたい
CDタイプ	⑨周囲の人たちとうまく付き合いながら、温和で和やかに協働していきたい
CEタイプ	⑤勉強して知識を蓄えながら、冷静な判断で「大人な」働き方をしていきたい
CFタイプ	④自分の能力を活かして、他人から大切な存在と認めてもらいたい

《C表》社会人基礎力養成に対応する「エニアグラム」

社会人基礎力を構成する3つの要素	12の能力要素	内容	9つの性格タイプ		
			BE	BD	AE
			①自分の考えるように行動し、信頼される人間であると評価してもらいたい	②協調性を大切に助け合うことで、周囲に自分の必要性を感じてもらいたい	③効率を考えて努力しながら、着実に成功を収めていきたい
			性格タイプに合った働き方		
			真面目で勤勉な働き方	人の役に立つ働き方	功績を重視した働き方
			3段階評価（◎、○、△）とアピールポイント		
前に踏み出す力（アクション）	主体性	物事に進んで取り組む力	◎自分なりの明確な基準を持ち、しっかりとした意志で行動できます	△人に合わせる応用力があります。現実と感情を区別すると主体的に取り組めます	○自分の内面理解だけでなく、優れたリーダーシップを発揮できます
	働きかけ力	他人に働きかけ巻き込む力	△気遣いもよく周囲から頼られますが、協働は苦手なため、自ら他者に働きかけるよう心がけましょう	○周囲・環境への配慮ができます。自分・他者の役割を考えましょう	◎自分の価値観を押し付けずに、チームで行動することが得意です
	実行力	目的を設定し確実に行動する力	◎実行力に優れています。プロセスにも意識するとよいでしょう	△学習意欲に優れているため、他者視点に立って理解すると行動できます	○アイディアを活かして突き進んでいく積極性があります
考え抜く力（シンキング）	課題発見力	現状を分析し目的や課題を明らかにする力	○冷静な判断ができるため、現状分析をすることができます	◎観察や情報収集が得意です。この特性を分析や明確化に活かせると問題や課題を追究できます	△課題や目的の意図を探ることができます。現状把握に努めるとさらによいでしょう
	計画力	課題の解決に向けたプロセスを明らかにし準備する力	△計画段階でプロセスを形成することは得意ですが、明確化とели的な準備を心がけましょう	◎配分を計算して計画的に多くの仕事をこなすことが得意です	△結果や行動を重視します。逆算して計画を生み出すとよいでしょう
	創造力	新しい価値を生み出す力	△改善意欲が強いため、新しく挑戦することにも興味を持つとよいでしょう	◎直観に優れ、相手の立場・価値観をもとに新たな価値も生み出せます	○優れた感受性を持っているため、イメージや感覚で捉えることができます
チームで働く力（チームワーク）	発信力	自分の意見をわかりやすく伝える力	○他者への発信は、整理することが得意で伝えることができます	○周囲との調和を整えることができます。自己主張を工夫しましょう	◎計画立案やプレゼン力に優れているため、応用させて伝えるとよいでしょう
	傾聴力	相手の意見を丁寧に聴く力	△相手の意見を自分本位で聞こうとせずに、他者視点で意見や見解に耳を傾けるとよいでしょう	◎相手の意見を聞き入れようと細やかな気遣いができます	△仕事向きな競争心を持っています。他者理解に努めると聴く力も向上します
	柔軟性	意見の違いや立場の違いを理解する力	△整理する特性を活かして、他者の意見や自分との違いを考察することで柔軟性が身に付きます	○仕事上の目的・意図に合わせて、柔軟な対応・理解ができます	◎柔軟な対応力があります。目的や成功に向けて応用することができます
	情況把握力	自分と周囲の人々や物事との関係性を理解する力	○実直な性格です。情況把握に努めると周囲と良好な関係を築けます	◎サポート役が得意です。周囲の関係を理解して解決や達成を目指せます	△深く考えて意味や本質を捉えることができます。必要以上に思慮深くならないように心がけましょう
	規律性	社会のルールや人との約束を守る力	◎社会性があり、公正・規律を理解し、共存・協働に活かすことができます	△つながりの中でルールや規律を大切にしようと考えますが、その本質や真意を探究するようにしましょう	○組織・社会のルールや価値観を理解することができます
	ストレスコントロール力	ストレスの発生源に対応する力	○我慢や努力を惜しまないため、時に感情を表現してもよいでしょう	△関係や絆を深めることができます。他者関係の中でストレス対応できるとよいでしょう	△仕事に集中して取り組めますが、自分の感情やストレスとうまく付き合うことが大切です

CF	CE	BF	AD	AF	CD
④自分の能力を活かして、他人から大切な存在と認めてもらいたい	⑤勉強して知識を蓄えながら、冷静な判断で「大人」な働き方をしていきたい	③責任感と誠実さを大切にし、慎重にかつ忠実な進め方をしていきたい	⑦ものごとを計画的に進めて、仕事も人生も楽しみたい	⑧正義感や誠実さを大切にし、自分が考えることを主張し認めてもらいたい	⑨周囲の人たちとうまく付き合いながら、温和で和やかに協働していきたい
自分なりの働き方	勉強しながら賢い働き方	無難で着実な働き方	楽しく充実した働き方	アピールする働き方	良い環境を求めた働き方

※3段階評価は「12の能力要素」の評価を示し、コメントはみなさんの能力とアドバイスを示しています

第3章 ESコース 就職で頭ひとつ抜け出すためのES作成力

CF	CE	BF	AD	AF	CD
○自分の意思を強く持って前向きに行動できます	○自分をよく理解しています。深く考え慎重に行動します	○周到な用意・準備ができます。使命や責任を意識し取り組むとよいでしょう	△失敗や苦気からも学ぶことができます。興味・関心を持つことで主体性が向上します	◎明確な意志を持ち、主張することができます。価値観や行動指針を獲得すると行動につながります	○真面目に行動することができます。さらに自尊心を得ることで意欲的に行動できます
△他者や周囲への共感を示したり肯定感を持つことで協働できます	○社交的なため、他者への表現に活かすと働きかけることができます	○仲間に献身的な姿勢をとることができます。他者の助言を聞き入れるとよいでしょう	◎魅力的な発想やクリエイティブな冒険心を持っているため他者を惹き込み協働できます	○他者に頼られるような統率する力を発揮できます	◎他者を惹き出そうとしたり、他者の感情や関心ごとを考慮することができます
△豊かな感受性があります。現実的視点や本質を捉える思考を身につけ行動に移すとよいでしょう	○知性があり情報を整理して実行に活かすことができます	○慎重に分析できます。行動にも最善策や解決策を見出せると積極的に行動できます	△実直で地道な特性を目的意識をより明確にすることで、実行力が活かされます	○学習能力があるため、熟考することで、合理的な実行や協働ができます	○幅広い視野・思考を持っています。確実性や合理性を考えると実行につながります
○達成しようとする姿勢・意識が強いです。現実的で具体的な分析をするとよいでしょう	○理性的に分析ができるため、情報理解や明確な分析ができます	○堅実な見方で着実に分析できます。様々な視点で捉えることができます	○責任や結果・成果について的確に捉えることができます。目的や課題の明確化に応用させましょう	△比較による分析が得意ですが、感情や欲望を外すことを心がけて目的・課題を明らかにしましょう	○全体把握し理解することができます。具体的な分析をすることで課題発見力を向上します
△的確に捉える洞察力があるので、論理的に考えて計画するとよいでしょう	○物事を捉える広い視野を持っています。広い視野を計画に活かすとよいでしょう	○入念に想定することができるため、計画に活かすことができます	○楽しさや充実を求めます。計画段階や準備に楽しさを取り入れた計画が向上できます	△解決に向かって協力することや役割を重視した計画を練ることができます	○行動すること自体が得意なため、計画やビジョンを明確にする努力をするとよいでしょう
◎独創的な表現力があります。物事に関して興味・関心を持つことができます	△他者の心情・感情などを理解できるため、創造に活かすために見識を広めるとよいでしょう	○現実や実務への対応に優れているため、批判や想定を前向きに働かせると創造につなげられます	◎多彩な発想ができます。特性を活かして独創的なアイディアを生み出すことができます	○直観力が優れていて、物事への見方に応用することで創造的価値を見出すことができます	△直観に優れますが、習慣や慣性を大切にする傾向があるため、新たな視点・創造の意欲を得るとよいでしょう
△周囲関係を円滑にできる特性を持っているので、発信に活用しましょう	○理解する力があるため、応用させて発信へつなげるとよいでしょう	○入念に想定することができます。自己主張や意見表現に関して想定・準備をすると発信を助けます	○合理的で建設的に考えられるため、自己主張や意見形成ができると、発信力の向上につながります	△裏のない言動が他者の共感を得るため、自分の内面や他者理解に努めることで発信力向上につながります	○他者理解ができるので、公平さや同調性を活かすことで発信力が向上できます
◎他者に共感することができます。他者や周囲に目を向けられる特性を活かすとよいでしょう	◎冷静に判断できます。相手の意見も熟考することで共通理解ができます	○他者と建設的に話し合えるので、落とし所や妥協点を探り解決を図ることができます	○責任感や包容力があります。他者を惹きつけるため、傾聴力に優れています	◎豊かな内面感情を持っています。他者の感情や人間性を理解することで意見を聞き入れることができます	◎他者からは穏やかで寛大に見られます。他者に合わせて共感を得ることができます
○同調したり想定したりできるため、柔軟な対応にも応用できます	○冷静に対処できます。柔軟に対処するには、合理的に考えるとよいでしょう	○明晰に分析できるため、理解と柔軟対応を心がけるとよいでしょう	○論理的に理解できるため、意見を聞き入れる柔軟な対応ができます	△一貫した律する姿勢・考え方を持っています。自分の弱点・欠点に目を向けることで柔軟な対応ができます	○正当性を探るために受け入れるだけでなく、自己を理解してもらおうとすることで、柔軟な対応力が向上します
◎他者や環境の変化を感知して理解することができます	△柔和に対応する一面があります。この特性を活用すると、情況把握を助けます	○問題にいち早く気づき、洞察したり検討したりでき、情況把握に活かせます	○知的探究ができ、ものごとを比較や客観視で捉えられます	△エネルギッシュな特性を活かして、周囲との平衡感覚や協働におけるバランスに配慮するとよいでしょう	◎ものごとを総合的に捉え、公平な判断ができます。この特性を活かして調和を保つことで情況把握します
○先例や経験則に倣うことができます。思い込みですが、規律の理解に努めるとよいでしょう	○周囲の関係や規律を理解できます。多種多様な関係で普遍性を見出すとよいでしょう	○法則や規律を重んじる意識を持つことができ、規律性を理解できます	○環境の雰囲気を整えることができ、他者やチームのバランスを規律性で捉えるとよいでしょう	○正義感や公平性を持っています。他者に強要せずに敬意や建設的な態度を取るとよいでしょう	○平衡と調整を保つため、柔軟に考えられます。協調性を活かし規律性に目を向けるとよいでしょう
△不測の事態に劣等感・喪失感を抱きがちです。意識を変える工夫をすることでストレス対応できます	○自分の理性と感情とを区別し、コントロールすることができます	○心配や不安感を抱きやすいため、現実的かつ論理的に把握するよう心がけましょう	○物事を肯定的に捉えることができます。ストレスにも明るさで対処できます	△感情的になりやすいです。感情の発散以外にもエネルギーを発散できる方法を探るとよいでしょう	△保身や安定を求めます。怒りや興奮の表現が苦手なため、感情に向き合うようにするとよいでしょう

(参考文献：ティム・マクリーン＆高岡よし子監修（2013）『エニアグラムで分かる9つの性格』、マガジンハウス)

3．中・長期プランを作成する　PDCAサイクル実践のすすめ

ⅰ．長期的プランに沿ったPDCAサイクル活用

　就職みらい研究所（2015）によると、企業のES選考の開始時期が、3年次の冬季・12月から始まり、2月にはピークを迎えているとの調査結果が示されています（下図）。筆記試験が3月、面接が4月と順次ピークを迎えていきますが、就職対策のうちES選考が最も早いことがわかります。

　このことから、みなさんがES作成の準備を進めるに当たっては、3年次の冬季には完成度を高めておかなければなりません。実際の準備の開始時期やその進度については、個人差があるため一律に定めることはできませんが、このデータをもとに採用開始から逆算して準備を進めることが賢明です。

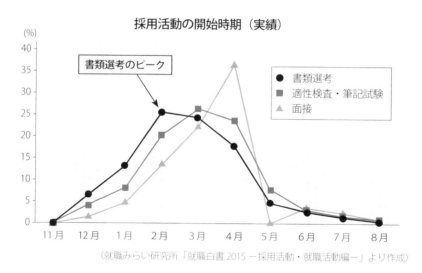

（就職みらい研究所「就職白書2015－採用活動・就職活動編－」より作成）

　しかしながら、こうしたデータ（2015年2月時点）はあくまでも参考にすぎません。日本経済団体連合会（経団連）に加盟する企業を中心に、「採用選考に関する指針」が毎年発表されています。その内容は、新卒採用者の企業説明会やエントリーの開始を大学3年生の3月から（広報活動）、面接など実際の選考開始を8月から（選考活動）とし、採用選考の早期化を

自粛するものです。この指針は、学生の学業を優先することと、政府の閣議決定「日本再興戦略」（平成 25 年 6 月 14 日）に基づいています。

とはいえ、この指針は厳密な規定ではないため、従来通り（上記データ同様）に採用選考を開始している企業が多いことも事実です。就職みらい研究所（2015）は、「『就職活動・内定状況』について」の中で、4 年生の 7 月 1 日時点での就職内定率が 49.6% であることを発表しています。この結果は、前年同月の 71.3% に比べると 21.7 ポイント低いのですが、**大学生の約半数が 7 月の時点で内定を決めている**ことから見れば、早い時期に照準を合わせて準備することが賢い就職対策であると言えます。

ⅱ．Plan「中・長期的ビジョン」の形成

ES 作成で大切なことは、時系列の中で「未来の部分」を強調することです。つまり、将来の方向性や目標（ビジョン）に向けて努力してきたこと、これから努力していくことを具体的に述べます。たとえば、「宅地建物取引士の資格を取得するために、1・2 年次に 2 年間の取得を目指した計画を立て、講義だけでなく課外講座と授業外学習で勉強しました」というように述べると、明確な計画を立てて達成に向け努力してきたことが表現できます。

このように中・長期的なビジョンを説明する場合には、その実現に向けたより具体的な方向性・目標を段階的に提示していくことが大切です。

実際に具体的なビジョン形成を考えてみましょう。

▶内容考察問題

次の文章を読み取り、その文章の内容から想像できる「書き手のビジョン」を考えて、ES にふさわしい文章を作成しましょう。

①大学を卒業したら、安定している総合職に就こうと考えています。

②将来的には、教師を目指すことも考えていますが、並行して以前から興味がある流通の会社にも挑戦しようと考えています。

③将来は、不動産関係の仕事に就きたいです。

　①の文章から読み取れることは、学生が将来の生活や就業に不安を抱いている様子です。あるいは、本心から「企業に就職したい」と考えているとしても、その目標や実現への具体性が欠けていて、漠然としている印象が強いということです。

　果たして「安定した職業」とはどのようなものなのでしょうか。大学生であれば、だれしもがいわゆる安定した職業に就きたいと思うでしょう。たしかに、新卒で企業に就職できれば、一定期間は安定した収入が得られるでしょう。しかし、就業すること自体はゴールではありません。就職後にはさらに高いスキルが要求され、責任も課されます。つまり、学生が想像する「安定した職」は、収入の面が安定しているという意味であり、その就き方や働き方に関してはさほど考えていないということです。

　このように考えていくと、「安定している企業に就職する」とは、「安定した働き方ができる企業人になる」ということです。そうなるためには、大学を卒業してから行動したのでは手遅れです。たとえば、安定しているイメージが強い大手企業を目指す場合、大学入学直後から自分のキャリア・プランを明確にし、小さな目標達成を積み上げていくことが大切です。具体的には、大学1年次に経営学の基礎を学び、企業経営に関連する基礎知識を修得するなどが必須です。そのため、「経営学の基礎知識の理解」や「企業経営に必要な勉強」を短期的目標に組み込む必要があります。短期目

標の計画のために、目指すべき企業の実態や業界の動向に目を向け、把握しておくことも大切です。

> ① 解答例
>
> 私は、大学卒業後の企業就職を目指すために、大学の勉強とは別に、経営学の基礎知識の理解や企業経営に必要な勉強をすすんで行ってきました。

②の文章では、学生が教師を目指しながら、民間企業の就職も視野に入れている様子がわかります。そもそもESでは、志望先のすべての企業に第一志望であることを伝えるのが本筋です。したがって、教職に関連した内容は、伏せておきましょう。このように複数の選択肢がある場合には、はじめに実現可能かどうかを確かめる必要があります。たとえば、一流企業を目指しながら、ダメだったら公務員になろうという考え方では、どちらも失敗に終わることが目に見えています。まずは、自分のキャリア・プランが正しい選択と優先順位になっているかを考え、実際にさまざまなケースを想定しながら職業に就けるかどうかを想定します。そして、そのプランが自分の能力に見合うものかどうかの分析をしていくとよいでしょう。

このケースの場合は、大学在学中に教職課程を履修し、教員免許を取得する必要があります。また流通関連の企業を希望しているので、それに見合った勉強や体験（インターンシップ）などを行っていくとよいでしょう。現実的には、新卒で教職に就くためにはたいへんな努力と能力を要するのに加えて、都道府県や学校などで臨時採用も含めた採用枠に空きが出ることが必須条件です。そのため確実とは言えません。公務員（公立学校教員）でも同じです。

教員にかかわらず、職業によっては、資格取得や大学での単位履修、また企業説明会の参加など、特定の条件を満たしていることが必須な場合もあります。また職業によっては、求められる能力が特定の学部や大学院・

専修学校などでしか学べない場合もあるので注意しなければなりません。事前に十分に調べてキャリア・プランを練りましょう。

▸ ② 解答例

> 以前から興味がある流通の会社に挑戦したいと考え、授業の他にも自分で勉強することやインターンシップなどへの参加も積極的に行ってきました。

　③の文章は、漠然としすぎている印象を受けます。この一文から判断できることとしては、間違いなく「宅地建物取引士」の資格取得が必須です。したがって、大学在学中の早い段階で、宅地建物取引士の資格取得のための短期的プランを打ち出さなければなりません。

　大学で資格を取得すると、中には資格取得で満足感を得て、勉強そのものが終わってしまう学生もいます。しかし、資格取得はあくまで就業のための通行手形に過ぎません。資格取得は第一関門であり、そこからさらに専門的な勉強を進んで行うという姿勢でなければ、就職できたとしても就職先で評価されることが難しくなります。

▸ ③ 解答例

> 将来、不動産関係の仕事に就くために、在学中に資格を取得し、さらに専門的な勉強をしていくことを心がけ実践しました。

ⅲ．Check

　経済産業省（2007）は、企業が求める能力と学生に不足している基礎力のギャップの調査結果を「職業別分析」としてまとめています。ここでのチェックは、この調査結果をもとに、みなさんが志望する職種において実際に求められる社会人基礎力を知ることが目的です。

　職種に合わせた社会人基礎力を把握して、ES作成と社会人基礎力養成に活用してください。

【職種の区分】

職　種	具体的内容
①事務・管理系	人事、労務、経理、財務、法務、特許、物流、貿易事務、海外事務、一般事務等
②企画系	広報、宣伝、商品開発、マーケティング、調査研究、経営企画等
③営業系	顧客開拓、営業推進、販売推進等
④技術・研究系	研究、製造技術、機器設計、土木建築測量設計、品質管理、生産管理、施行管理等
⑤販売・サービス系	接客、店長、スーパーバイザー、バイヤー等
⑥専門系	コンサルタント、薬剤師、介護士等
⑦金融系	融資・資産運用マネージャー、為替ディーラー・トレーダー、ファイナンシャルアドバイザー等
⑧クリエイティブ系	デザイナー、編集・制作、記者・ライター、ゲームクリエーター等
⑨IT系	システムエンジニア、システム保守運用、プログラマー、ITコンサルタント等

> **志望職種の「求められる・不足している」能力チェックと計画的な ES 作成**
>
> ① 次ページの表Aを参考に自分の志望職種の「求められる能力」「不足している基礎力」を検索します。
> ② 各能力の要素は、「社会人基礎力の能力要素（p.121）」を参考にします。
> ③ 自分が身につける能力に関連する **ES の質問項目**[※]を調査して、表Bで「PDCAサイクル」を実践します。
>
> ※「ESの質問項目」は、自分の志望職種・企業の事例（過去）を調査し、自ら設定します。

《表A》 求められる能力と不足している基礎力

(全体平均比)

職　種	求められる能力 太字は不足している基礎力との共通項目	不足している基礎力
①事務・管理系	規律性、課題発見力、計画力	主体性、課題発見力、発信力
②企画系	**主体性**、働きかけ力、計画力、**創造力**、発信力	創造力、主体性、課題発見力
③営業系	主体性、**働きかけ力**、**実行力**、発信力、傾聴力、情況把握力、ストレスコントロール力	実行力、計画力、課題発見力、働きかけ力
④技術・研究系	実行行力、**課題発見力**、創造力	働きかけ力、柔軟性、主体性、創造力、課題発見力
⑤販売・サービス系	柔軟性、傾聴力、**規律性**	課題発見力、働きかけ力、規律性、実行力、計画力
⑥専門系	課題発見力、計画力、主体性	傾聴力、柔軟性、情況把握力
⑦金融系	計画力、情況把握力、規律性	創造力、主体性、働きかけ力
⑧クリエイティブ系	創造力、柔軟性、主体性	傾聴力、規律性、ストレスコントロール力
⑨IT系	課題発見力、創造力、情況把握力	主体性、発信力、柔軟性、ストレスコントロール力

経済産業省(2007)「社会人基礎力に関する調査・報告書」「企業の『求める人材像』調査2007～社会人基礎力との関係～」経済産業省HPより

《表B》 PDCAサイクルES作成チェックシート

　「PDCA」とは、計画(Plan) → 実行(Do) → 評価(Check) → 改善(Act)という4段階の活動を繰り返し行う業務プロセスの管理手法の一つです。

　「PDCAサイクル」で、レベルの高い自己分析を実践していきましょう！

【PDCA の意味】
- Plan では、ES の質問を設定して、実際に書くための計画を作成します。（1～3）
- Do では、策定した計画に沿って実践します。（4）
- Check では、行動した結果と当初の目標を比較し、問題点の洗い出しや成功・失敗の分析をします。（5～6）
- Act では、分析結果を受けてプロセスや計画の改善、実施の見直しなどの処置を行います。（7）

【ES 作成での活用法】(4・7 以外は記入欄を活用)
1、現状の自己分析を行い、課題を五つ挙げます。
2、課題に対して、克服するための目標を決めます。この達成が ES 作成に反映されます。
3、行動計画を具体的に記入します。
4、上記に沿って、練習を積みます。
5、行動した結果を記し、目標との比較を行います。
6、比較の結果、問題点や成功・失敗の分析を行います。
7、分析結果を受けて、今後の作成プロセスや計画の改善、反省や見直しなどを ES に反映します。自己分析を将来的な展望に役立てます。

【PDCA サイクルの実践】

1. 現状を分析して、課題を挙げる
①
②
③
④
⑤

2．1の課題に対する目標を具体化する

①

②

③

④

⑤

3．行動計画を具体的に記入する

①

②

③

④

⑤

4．練習で実践する

5. 行動の結果を示し、比較分析を行う

① 結果

　比較

② 結果

　比較

③ 結果

　比較

④ 結果

　比較

⑤ 結果

　比較

6. 比較の結果を記す（問題点や成功・失敗などの詳細）

① 結果

　比較

② 結果

　比較

③	結果
	比較
④	結果
	比較
⑤	結果
	比較

7．ES 作成に反映する

4．大学の授業で社会人基礎力を磨く SIQ スタディチェックのすすめ

　「社会人基礎力」の一つである「チームで働く力」は、大学の授業でも育成することができます。それは、みなさんが受ける大学の授業の中で、聴講の方法を工夫するだけで可能になります。「SIQ スタディチェック」は、講義での内容を理解した上で、実際に教員や他の学生に**「提案（意見）・実例提示・質問」を行う想定で聴講する方法**です。「SIQ」は、Suggestion（提案・意見）、Illustration（実例）、Question（質問）の頭文字を取って名付けています。

　具体的な方法は、次の通りです。

　S では、自分が発表する前提で批判的に捉えたり、反駁を行ったりして、深く考えます。（批判的思考の習得）

　I では、知り得た知識・情報をさらにインターネットの情報サイトや文献検索で、事例や現状を調査します。（調査方法の習得）

> Q では、わからない箇所やさらに知りたい部分を探し、疑問を抱くようにします。（論理的思考の習得）

　このように、SIQ スタディチェックは、三つの想定を自分で組み立て実践します。SIQ スタディチェックの実践は、ES 作成の際に論証を組み立てることに役立ちます。また、これにより、講義内容の深い理解を促すだけでなく、グループディスカッションなど就職活動全般に活用できます。つまり、みなさんの受講の仕方を改善することが、企業が求める「社会人基礎力」を身に付けることにもつながるのです。

i．「参加型」で授業に取り組む

　株式会社リクルートキャリア (2015) が実施した調査「企業が採用基準で重視する項目、学生が面接等でアピールする項目」では、採用時での企業と学生のギャップが比較された結果が示されています。

　この結果からは、学生が採用時に「アルバイト経験」や「クラブ・サークル活動」、「趣味・特技」をアピールしているのに対し、企業側は「人柄」

企業の重視と学生アピールのギャップ（100%中）

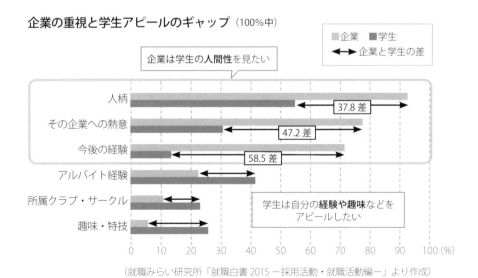

（就職みらい研究所「就職白書 2015 －採用活動・就職活動編－」より作成）

や「その企業への熱意」、「今後の可能性」を重視していることがわかります。ここでは、赤枠内3項目（企業が重視）で平均47.8ポイントの意識の差（ギャップ）があります。

　学生は、「チームで働く力」が育成できる場面を「アルバイト」や「サークル活動」と連想しやすいのですが、実は大学の授業でも実践できるのです。

ⅱ．社会人基礎力の習得を意識する

　企業が求める「社会人基礎力」を身に付けるためには、みなさんが向上しようとする意識を持たなければなりません。

　たとえば、「前に踏み出す力」では与えられた役割をこなすこと（自尊感情）、課題を克服し達成感を得ること（達成動機）、「考え抜く力」では知識を整理し新たな情報から問題分析・理解・表現をし、問題解決を図ること、「チームで働く力」で他者と協働し目標を達成すること、というように、「社会人基礎力」養成に見合う、具体的な計画を立てることが大切です。

ⅲ．ゼミナール活動で学ぶ

　「社会人基礎力」は、みなさんが普段の授業での取り組み方（意識）を改善する以外にも、ゼミナール活動（以後、ゼミ）や課外活動を活用することで養成できます。

　たとえば、実際に大学のゼミに参加した卒業生は、次のように話しています（河合塾著／経済産業省編、2010）。

> 「ゼミに入ったこと。これこそが私の大学生活を充実感と達成感に満ちたものにしてくれた、大きな成功ポイントです。"チームで学ぶこと"が、私がゼミで学んだことの中でこれからも一番大切にしていきたいことです。一人の力ではなく、人と意見を交わし、悩み、一緒に答えを出したり、作業を進めていくことがいかに大切なことか、学ぶことが多いかを実体験させていただきました。先生の先を見越したさまざまな教えを、社会に出て発揮していきたいと思っています」。

このように大学では、「社会人基礎力」を養成するための視点で見ると、ゼミへの参加によって学ぶ要素も就職に役立つと言えます。ゼミの他にも、部活やサークル活動も活用できます。しかし、ゼミ以外の課外活動は敬遠されがちなようで、経済産業省の調査でも、部活・サークルにまったく参加していない学生が 42.5％に及ぶと発表しています。実に 4 割以上の学生が、いわゆる団体活動に参加していないことが明らかになっています。

　このように、大学という環境下で体験するチーム行動は、ゼミに限らずさまざまな活動経験を積むことができます。みなさんが「社会人基礎力」を養うためには、こうした活動に参加することでさまざまな要素を習得することが大切です。たとえば、ゼミ内でアイディアを出し合う（働きかけ力、計画力）、話し合いで意見をまとめる（柔軟性、ストレスコントロール力）、毎回の発表で工夫をこらしながら改善を試みる（課題発見力、実行力）、というように、チームで動くことを意識するだけでも、社会人になってから活かせる能力を向上させるでしょう。

　これまで見てきたように、SIQ スタディチェックを大学生活で活用することで、日頃のみなさんの動機や姿勢に学習改善としてアプローチでき、「社会人基礎力」の習得にも努めることができます。今からでも授業への取り組み方を意識して改善していきながら、ES 作成に結びつけて発信する力を養うことが大切です。

今から「社会人基礎力」育成のために必要な意識・心構え

- 知識の習得、知力や学力の向上、個性の発見、人間の成長、などについて考察してみる。
- 「社会人基礎力」を高めることにつながる授業は何か、考えてみる。
- 自分で授業の受け方を変えてみる。
- 社会に出て働くことを現実的に考えてみる。
- 社会の流れや時事を日常的に把握してみる。
- 大学で教わることが社会に出てどのように活かせるか考えてみる。

（河合塾著/経済産業省編『社会人基礎力　育成の手引き』朝日新聞出版、2010 より筆者作成）

Ⅳ　ESにロジカルライティング法を活用する

　ESの質問項目の多くは、基本的にみなさんの内面を表現することが目的です。ESを見るのは人事採用のプロフェッショナルですから、みなさんの過去の話や未来への考え方を知れば、今現在どのように考え、行動しているかを推察できてしまいます。

　「過去」と「未来」に着目するES作成では、①時系列で、②ストーリー性を持たせて、③読み手を意識するということに注意します。

　まず①**時系列**を意識して書きます。過去に抱いた志望動機や理由などを答え、現在へのエントリーへとつながった経緯を具体的に説明します。エントリーしたからには、相応の動機や理由があり、みなさんが今に向けて努力してきたという段階があるはずです。さらに、採用後や将来への展望を明示すると具体性が高くなります。

　次に②**ストーリー性**を持たせて書きます。①の時系列で並べた項目を一貫させて、論理的なストーリーを組み立てます。ここでは、みなさんの考え方や意識を、採用側の理念や方針などに合わせて語る必要があります。たとえば、接客・サービス業を志望したのであれば、働きたいと考えたきっかけや理由を出来事や経験に合わせて語る必要があり、またそれらが企業の方針やイメージなどに適合していると判断できる内容でなくてはなりません。つまり、みなさんの経験（過去）とみなさんの能力・意識（現在）とを企業の方針・理念や方向性（未来）へとつなぎ合わせるということです。個人的なエピソードが企業のエントリーへとつながっていくというストーリーを組み立てて書くのです。

　最後に③**読み手を意識**して書きます。採用側の情報を掴み、どのような人材を採用しようとしているのかを学び、ESに反映させます。そのためには、採用側の課題や質問の意図を読み取り、最善の回答を探求することです。この対策としては、「採用側が求める人材に自分が適合するかどうか」、「採用されるにふさわしい姿勢・考え方・知識などを持っているか」などを常に考えながら準備します。ESでは、入念な準備と知識・意識を

整理して論理的に語る必要があるのです。

《ES作成を助ける論証法》

　以下に紹介する「論証法」は、ES作成での構成を整えるための手法です。ここでは、ⅰ～ⅳの四つの論証法を例文で学んでいきます。この論証法は、ES作成に限らず、あらゆる文章作成に活用できます。

ⅰ．因果関係

　原因と結果の結びつきのことを因果関係といいます。経験や事実などの原因が結果に結びついた経緯や段階を説明することで論理性を高めます。志望動機と企業エントリーの因果関係が明確であれば、志望動機への信頼性が高まります。

> 例）大学1年次に授業で学修したことを授業外の勉強に活かしたため、2年次で○○の資格を取得できました。

ⅱ．演繹法

　演繹法とは、抽象的な一般論や法則から具体性のある事象を取り出す方法です。

> 例）　御社は○○を推進している。➡ 私は○○を実践している。
> 　　➡ 御社で実践したい。　　　　　　　　　　　　　（三段論法）

　演繹法の特徴は、結論が一つになる点にあります。ただし、導き出した結論が正しいかどうかは検証が必要です。ES作成では、みなさんの信念や経験から結論としての主張を導き出したいときに使えます。

> 例）御社が運営しているマタニティや育児に対する社会・文化活動は、少子化や核家族化、女性の社会進出を社会的な責任として支援するものであり、心を打たれました。日本以外にも、英国

> でも、マタニティマークのバッジを表示することで、妊婦が席を譲ってもらいやすいように配慮されています。日本では、さらに妊婦への配慮や対応をよくするマナー啓発が必要でしょう。私は、毎日の電車通学の際に、マタニティマークを表示する方に席を譲ることや、休日は保育士である母の勤務先でボランティアをするなど、身近でできる活動を心がけています。

ⅲ．帰納法

抽象度の低い事象や関係から、抽象度の高い事象を取り出すのが帰納法です。複数の観察を集合させて共通項と言える結論を導いたり（推論）、多くの事象を集合させて一つの結論を導いたり（仮説）します。

> 例）企業イメージが良い。企業理念が良い。社員の対応が良い。
> ➡ 御社で働きたい。

帰納法の特徴は推測や仮説がもとになっているため、導き出した共通項が一つしかないとは限らない点です。相手を納得させられる結論を導くことが重要です。したがって、普遍的価値をどのように見出すかによって、書き手の価値観が測られることになります。

> 例）私は、これまでに説明会や大学OBを通じての社内見学会に数回参加しました。説明会では、質問に対して懇切丁寧な対応をしてくれました。社内見学会では、親切で細かい説明をしてくれました。いずれも企業理念や方針が共有されており、参加する度に業界や御社に対しての関心が高まり、段階的に理解することができました。御社のように情報共有が図られているのは、社員の目標意識やモラルが高いことの現れであると考えております。

iv．類推法

類推法は、類似している点を比較して、共通する結論を推理する方法です。

> 例）OB社員が「ゼミ研究が役立つ」と言っていた。
> ➡ 私も同じゼミで研究している。
> ➡ ならば経験が活かせるのでは？

推理・推定であることから、類推法は必ずしもそうとも限らない場合、あるいはカテゴリーが違いすぎて妥当性のない推理となってしまう場合があります。そのため、高い確率で類似している方法・プロセス・回答などを導き出すことが条件になります。

> 例）私は大学在学時に、スーパーマーケットでのアルバイト経験があり、商品管理やレジカウンター業務を行いました。御社の業務の中には、スーパーやコンビニエンスストアでの販売業務の他にも、商品開発や販売促進、営業などがあることを知りました。現在、勉強している商法の専門分野やこれまでの経験を、販売業務はもちろんのこと、その他職務にも活かすことができると考えています。

Ⅴ　ES作成の経験を積む

質の高いESを作成するには、何度も練習して経験を積むことが最善の方法です。

ここで言う「経験」とは、①繰り返し継続していくことで質を向上させる（連続性）、②客観的条件（採用側の評価）と内的条件（自分自身）の相互を踏まえて状況を設定する（相互作用）という二つの原理に基づいています。つまり、みなさんのES作成の質は、本番さながらの具体的な状況を設定し、練習を重ねることで向上するということです。

ESを書くことはスポーツをすることや楽器を演奏するのと同じです。練習と反省を繰り返すことで必ず上達します。さまざまな設定に従い、必要な情報を的確に表現する練習を積むうちに、客観的な視点から見直す校正力も養われます。自分の内面を見つめ直すことを哲学では「省察（せいさつ／しょうさつ）」と言います。ここでは自分の書いたESを自分で見直す問題解決能力を「省察」と呼びます。「省察」を取り入れたES作成は、下の五つの段階を踏みます。

問題解決型ES作成の5ステップ

① 問題を選ぶ

　志望する企業の過去の質問もしくは予想される質問を調べ、その中からできるだけ不得意な質問や出題意図のわかりにくい質問を選びます。

② 問題の意図・本質を明らかにする

　質問の意図を考え、箇条書きでよいので考えられるだけ列挙します。書き終わったら、そのリストを見ながら、相手がその質問によって何を知りたいのかを考えます。

③ 解答を作成する

　質問の意図がわかったら、内容と構成を決め、相手の知りたいことを的確に答えられるように文章化します。時間があれば実際に書いてみましょう。その際、本書で学んだ論法や表現を意識して取り入れるようにし、書き方のパターンを身につけるよう心がけましょう。

④ 解答を検証する

　解答内容や文章が、相手からどのように評価されるか、客観的に検証します。第三者視点で添削・修正をします。慣れないうちは他者に読んでもらって意見をもらうとよいでしょう。

⑤ 省察を行う

　　どうすればもっとよくなるか考えます。経験や現時点での知識・情報が不足していると判断されれば、より詳しく調査・研究をする、あるいは未経験な事柄に（可能な範囲で）挑戦してみる必要があるでしょう。

　このような省察を含んだ ES 作成の経験は、1 回目よりも 2 回目、2 回目よりも 3 回目と数多く積むことで、前回の経験からさまざまな要点を習得して、次回の ES 作成へとつなげることができます。このような段階的な経験が、ES 作成の「基準（レベル）」を作ることになるのです。

Ⅵ　ES 作成の実践

　ES は、提出時期になって慌てても急にうまく書くことはできません。早い時期から練習を繰り返しておくことが何よりの得策と言えます。ここでは、ES 作成を実践してみましょう。

　以下に、意識すべき課題と実際の ES 質問項目とを挙げておきます。採用側が何を求めていて、自分はどのように評価されるかを意識しながら作成していきましょう。

1．見られている点を意識する

　採用側が何を見ているかを意識しながら作成します。ここでは、求められている能力や人物像などを下調べすることで、質問項目から採用側の意図を捉えることが大切です。

> **課題**：学生時代に力を入れたこと、印象に残っていること
> 　　　　（アルバイト編）

ダメな例

　①学生時代に力を入れたことは、アルバイトです。大学の勉強が忙しい中、スケジュール調整に苦労しただけでなく、時間を有意義に使うことを意識しました。アルバイトは、3年間で多くの職種を経験しました。②多種多様なアルバイト経験から、どのような仕事にも、任されたことに対して、責任感を持って取り組む大切さを学びました。この経験は、就職してからも活かせると確信しています。

《添削コメント》

　学生の本分は勉学ですので、あえてアルバイト経験を述べる場合は、取り上げる内容を十分に練る必要があります。①では、アルバイトに力を入れる理由としてふさわしい説明が必要です。②は、ありきたり過ぎて、アルバイトを取り上げた意味が見出せません。

良い例

　学生時代に力を入れたことは、大学オープンキャンパスの学生アルバイトです。ゼミ担当の先生が入試業務に携わっていることから、毎年積極的に協力しました。①ゼミの仲間と役割分担しながら、開催当日に向けて議論を重ねながらの準備は、大学入試に関わるやりがいと責任を感じて取り組めました。

　高校生を受け入れるには、興味・関心を引くためのイベントにしなければならないと同時に、大学生活や学修についても、しっかりとした説明をしなければなりません。入試結果にも直結する業務に携わり、②自校の良さを見直すと同時に、大学で学ぶ自分自身についてもより理解が深まり、コミュニケーションを取ることの大切さを改めて学びました。

《解説》

　アルバイト経験の必要性や特別感が表現されています。①は、アルバイ

トでの業務内容が具体化され、仕事の充実度が伝わります。②は、社会人基礎力を自ら身につけた自覚と、就職後にも必要不可欠な能力を得たことが詳しく説明されています。どのような経験でも、大学生活の中で力を入れる必要性や、将来にも活かされる経験の意味などを説明することが大切です。

●注意ポイント

　アルバイトを選ぶ場合は、その経験が志望先の企業や職種に関連している内容でなければなりません。また、その経験から学んだことが、今後どのように活かされるかを伝えます。

　アルバイトは、みなさんにとってさまざまな理由で貴重な経験であることが考えられます。採用側が知りたい内容は、アルバイトに打ち込んだ理由とそこから学んだ事柄、将来につながる意識です。つまり、そこに将来の仕事で結果を出せる素養があるかどうかです。

　学生時代のアルバイトがどんなに力を入れ、充実した内容だったとしても、「採用の判断材料となる要素が入っているか」「経験から得たことが、社会人としての仕事に活かせるか」をチェックすることが大切です。

> 課題：学生時代に力を入れたこと、印象に残っていること
> 　　　（学修編）

ダメな例

　①私の大学での専攻は、法学です。法学では法律を覚えることはせず、法律をもとにして考える訓練をします。私の研究テーマは、「労働法」です。女性が社会で活躍するような時代になってきたことで、男性だけではない労働のあり方を模索することで、私たちが働く環境や将来の社会全体を明るくする必要があると考えています。②他にも、若年者の労働状況を研究していますが、自分が就職する立場になり、より身近に考えられるようになりました。

《添削コメント》

　質問の意図に答えておらず、漠然としている印象です。①では、専門外の人にもわかるように説明し、その専攻や研究分野でどのような努力をしているのかを示すとよいでしょう。②では、別の研究テーマが挙げられていますが、多くを説明すればよいというものではありません。一つの研究に絞りこみ、その研究や努力が他に結びつくことを示すことが大切です。

> 良い例
>
> 　①私の専攻は法学で、労働法を研究しています。法学はただ法律を覚えることが目的ではなく、社会のルールとして法律が絡む問題の対処を考えたり議論したりする中で、さまざまな考え方を習得していきます。私の研究テーマは、「若年者を取り巻く労働環境と労働状況」です。近年、私たちのような新卒も含めた若年労働者が早期退職・転職をする傾向が強く、問題視されています。
> 　②このような身近で社会に関わりの深い労働問題は、自分自身にも直に関係します。現在も法律的な観点から状況を分析し、解決案や対策を研究しているところです。

《解説》

　他者を意識した説明をすることで、論理的な説明力をアピールする文章になっています。①は、大学での専門分野研究を社会とのつながりや自分との関連から捉えようと研究していることが伝わります。②は、入社後までイメージできていることがわかります。大学での研究テーマや専門分野を聞かれる質問には、その分野を知らない方に理解してもらえるように配慮した文面を考えることが大切です。

●注意ポイント

　大学での学修についての質問では、専門分野や研究テーマを聞かれる場合がほとんどです。答える際には、大学で学んだことに関する「興味・関心」や「研究する方法やプロセス」を意識して述べることが大切です。採用側は、みなさんの研究分野と学修状況から、仕事への取り組み方や思考

方法などを探ろうとしています。説明の際にはできるだけ専門用語を用いずに、だれにでもわかりやすく説明するよう心がけることが大切です。採用側は、専門分野や研究テーマそのものを知りたいわけではないことを自覚しておきましょう。

2．最低限用意すべき事柄を意識する

ES作成では、必ず問われる項目があります。

> 志望動機・理由、業界・企業選択の動機、説明会の所見・感想、志望先のイメージ・感想、最近の感動、最近の興味・関心ごと、時事的テーマへの関心・私見　　など

これらの項目は、どの企業でもいずれか一つを出題します。みなさんは、今後、3年生までに、これらを特に意識して、すぐに答えられる用意をしておくことが必要です。

課題：志望動機、志望理由

ダメな例

> ①私が志望する業界の中でも、営業収益がトップクラスという御社の業績に惹かれました。他のどの企業を見学しても、惹きつけられる部分がなく、この業界のトップレベルの環境で、より高みを目指して働いてみたいと考えました。②御社には、本学OBの○○氏が活躍しており、社内環境も良好と聞いているため、「ここで自分の能力を活かしたい。この職場で成長したい」と考え志望しました。

《添削コメント》

　志望の動機も理由もまったく見当違いです。これでは間違いなく、書類選考を通過できません。①は、企業を褒めていますが、理由としてふさわしく

ありません。②企業側は「社員としてどのように貢献してくれるか」という視点で見ています。個人能力の活用のしかたは企業が判断することです。

> 良い例

> 　①私は大学２年次に、御社の社内見学をさせていただきました。御社の業績は、業界でも常にトップクラスであると心得ます。これは、他にはない独自の業務形態とアットホームな社内環境によるものと推察しています。このことは、御社の説明会に参加し確信しましたが、特に②その時のプレゼンには感銘を受け、大学ゼミに持ち帰り研究発表や後輩の助言にも活かせました。
> 　将来は、大学で培った発信力やプレゼン力を、御社での営業活動に活かし、業績に貢献したいと考えています。

《解説》

　全体的にはまだまだ抽象的な内容という印象ですので、企業に合わせて具体化させていくことが必要です。①は、業界・企業研究を行ってきている様子がわかります。企業を理解していることは強みになります。②は、学ぶ意欲や熱意があることが伝わります。「この企業で働きたい」という意思よりも、「特徴や能力をどう活かせるか」「どのような貢献ができるか」という展望を意識して書きましょう。

●注意ポイント

　ここでは志望動機・理由を取り上げましたが、上に挙げたものはすべて基本的な質問項目です。回答にあたっては、ありきたりで無難な内容でもかまいません。みなさんの長所や独創性が表現できるよう工夫しましょう。

3．惹きつける自己表現を意識する

ESの「自己PR」は、採用側の視点に立って作成することが大切です。採用側のだれが読んでも疑問や不快感を抱かないように表現しましょう。

> **課題**：自己PR、自分の強み

ダメな例

> ①私は、中学・高校・大学と部活動をしてきて、すべてで主将を務めました。特に大学時代は、その経験を活かして、全体のバランスを図ることが得意になりました。他者に指示することは難しいことですが、他者の指示を受け入れ行動することもまた大変です。②大学までのリーダーの経験が、職場での同僚や上司と行う業務に活かされると感じています。

《添削コメント》

全体的に抽象的にまとめているため、わかりづらいです。特に①は、PRしたい部分が理解しづらいです。この経験で得た特徴・長所を明確に示す必要があります。②は、どのような場面や業務で活かされるのか、想像できる範囲で具体的に答えることが大切です。

良い例

> ①私の強みは「他者との協働で、平衡感覚を持って行動できる」ことです。学生時代に続けてきた剣道では、ほぼすべての時期でリーダーや部長を務めてきました。常に先導する役割を担ってきましたが、チーム全体が一つの目標に向かっていくために、「他者理解」や「複眼的思考」でバランスを図りながら行動することを学びました。
> ②このような経験から得た平衡感覚は、営業の交渉、社内での人

> 間関係などで活かせると考えています。

《解説》

　全体を具体化させることで、PRポイントが明確になっただけでなく、考えていることがわかりやすく伝わります。①は、最初に自分の強みを述べることで、はっきりと特徴を伝えることができます。②は、入社した後を見据えてイメージできていることがわかります。この他、本文全体が一貫していて、リーダー的特徴が評価できます。

●注意ポイント

　自分をアピールすることと「自己PR」することは違います。

　採用側は、「自己PR」からみなさんの人間性を知りたいと考えています。そのため、自分自身の「特徴」や「長所」をどのようにアピールするか、そしていかに具体的に伝えるかが大切です。具体的には、①入社後、業務へどのように活かせるか、②どのような理由や根拠からそう言えるか、という2点に注意するとよいでしょう。

　①のポイントは、自分自身と志望する企業の両方をしっかり理解していることが重要です。また、採用側に評価されるためには、②のポイントを押さえ、具体的な説明をすることで、理解・共感を得ることができます。

4．根拠を明確にすることを意識する

　ESは、みなさんの経験を述べる際に、根拠や理由を述べることで印象が良くなります。ここでは、質問項目に対して、明確な根拠を打ち出せることを心がけて作成しましょう。

> **課題**：あなたにとって仕事とは、企業選びの基準について

ダメな例

> ①私にとって仕事は、「人の役に立つこと」です。人の役に立つためには、自分が成長することが不可欠です。そのため、企業で働く上で、自分が成長しながらいかに人の役に立つかを考えるかということが大事です。②人の役に立つには、まず自分が成長し満足を得るような仕事をしなければ、人を満足させることはできない。自分が成長した上で、人に必要とされるように努力したいと考えています。

《添削コメント》

基本的に、同じ表現を言葉の書き換えで繰り返しているだけの文章です。①は、社会人として持つべき意識ですが、当然すぎる事柄であり、ありきたりな回答です。書くのであれば、「どのように役に立ちたいのか」という独創性を出さなければなりません。②は、結局自分本意になっています。利己主義を強調しすぎると逆効果です。

良い例

> ①私は、仕事とは、社員が一丸となって同じ目標に進むチームプレーであると考えます。私は、大学時に部活動やアルバイトを経験しました。いずれも、構成員がそれぞれの役割を務めながら、一つの目標や結果に向けて、切磋琢磨して進んでいきます。このことから、同じ環境で仲間とさまざまな経験を共にしながら追求・行動していくことは、仕事に直結していると考えています。
> ②仕事とは、自分だけでなく関わる多くの人たちと、目標の実現を図りながら協働し、達成感による充実感を得るものです。

《解説》

全体に誠実な回答をしていて、真剣に考えていることが読み取れます。①は、会社をチームに見立て、その後の文章で協働の重要性を説明できています。②は、①のより詳しい説明として、結論を述べることができています。質問が抽象的な内容であるため、どのように具体化して答えるかが

ポイントです。

●注意ポイント

　仕事への意識や企業選択の基準は、社会人としての考え方や視点を問われています。このような質問には、自分の目標もしくは希望する職務に、これまでの経験や能力を結びつけることが大切です。仕事に直接関連する質問からは、仕事への意識や考え方を的確に読み取ることができます。ほかにも就職への真剣さや働く姿勢、将来への展望まで見えてしまいます。そのため、独創的な表現や奇抜的な発想は用いず、誠実に答えることが大切です。

5．自分に足りないものを補うことを意識する

　企業が求める能力や働き方、仕事に必要な意識や考え方を入念に調べて、自分に不足しているものを身につけるように努力しましょう。志望先の業界研究を怠らず、業界が求めている職業観を意識することが大切です。

> **課題**：この企業への印象について、
> 　　　　説明会を通してのイメージ・印象

>> ダメな例
>
> ①私が御社の説明会に参加した印象は、社員全員の仲が良く、職場の雰囲気が良いと感じました。しかし、説明が不十分と感じる部分もありました。それでも親切な対応をしてくれたことから、社内研修や社員教育がしっかりしているという印象を受けたのは事実です。②私が御社に入社したら、顧客に対して丁寧な対応や説明を心がけ、一員になれるよう努めたいと思います。

《添削コメント》

　ありきたりな内容です。①は、無難な回答ですが、そのあとに企業への批判が述べられていて、これだけでは印象が悪くなってしまいます。②は、

ありきたりで創意工夫に欠けているため、共感をすることが難しく、特徴や良さも読み取れません。

良い例

①私が御社の説明会に参加した印象は、「社員全員が目的を共有するだけでなく、役割分担とチームワークに優れている」ことです。社員の方に質問した場面では、ホームページや説明会で理解した理念や方針を社員全員が熟知している印象を受けました。さらにその上で、一人ひとりが自分の持ち場や役割を把握して、臨機応変に動いている様子が見て取れました。
②社員同士のコミュニケーションを図る様子も目を見張るものがあり、私も御社のように社員一人ひとりの個性が活かされながら、目標を共有し合う環境で最大限の努力をしていきたいと考えております。

《解説》

媚びすぎず、謙遜しすぎず、企業の特徴を捉えて述べることができています。①は、率直な意見として共感を得られる内容であり、経験談も良い印象を与えます。②は、入社をイメージして、問題意識を持っていることがわかります。このような表現は、一切悪い印象を与えず、意識・視点が妥当であるため、評価される対象になります。

●**注意ポイント**

企業側が自社について質問してくる項目では、①情報や知識を取り入れる研究努力を重ねているか、②物事の価値観・視点が優れているか（妥当なものか）、という2点を意識する必要があります。「企業にとってふさわしい人間かどうか」が試されていると言ってもいいでしょう。

このような質問に対しては、単に企業に入りたいことをアピールするのではなく、「入社して何がしたいのか」、「何ができるのか」を知らせる必要があります。

企業研究によって得られた専門分野の知識や業界に関する理解は、ひけ

らかせばよいというものではありません。さらに、企業自体や企業が抱える課題に対して、指摘や批判をすればよいというものでもありません。自分の立場をわきまえ、採用側が「同僚として加えたい」「自分たちと働きたい」と思わせるような謙虚な姿勢で表現することが大切です。

参考文献

- ◆ キャリアデザインプロジェクト編著／松永夏幸監修（2014）『私たちはこう言った！こう書いた！合格実例集＆セオリー 2016　エントリーシート編』PHP研究所

- ◆ 溝上憲文（2015）『人事部はここを見ている！』プレジデント社

- ◆ 海老原嗣生（2015）『なぜ7割のエントリーシートは、読まずに捨てられるのか？』東洋経済新報社

- ◆ 東洋経済新報社編（2015）『就職四季報 2016 年版』東洋経済新報社

- ◆ 才木弓加著／野々山幸ほか編（2016）『面接担当者の質問の意図』マイナビ

- ◆ ティム・マクリーン／高岡よし子監修（2013）『エニアグラムで分かる9つの性格』マガジンハウス

- ◆ 廣瀬泰幸（2015）『新卒採用基準』東洋経済新報社

- ◆ F・コルトハーヘン編著／武田信子監訳（2012）『教師教育学－理論と実践をつなぐリアリスティック・アプローチ』学文社

- ◆ 河合塾著／経済産業省編（2010）『社会人基礎力　育成の手引き』朝日新聞出版

第4章 小論文コース

論理的思考を用いた小論文作成力

大学でのアカデミック・ライティングのスキルとは、レポートや小論文、レジュメなど、学術的な文章全般が書ける技術のことです。本章では、特に各学期試験や公務員の小論文試験に目的を絞って説明します。

　試験対策としての小論文作成では、テーマや課題に答えて自分の意見を的確に主張しなくてはなりません。これは、普段よく使うメール文や会話文などとは違った学術的な文章表現を必要とされるため、そのルールや書き方を身につけることが必要です。

　本章における小論文の学習は、本編第2章「Ⅴ．論証を用いてレポートを作成する（pp.92-100）」を前提にしています。まずは第2章の内容をしっかりと押さえた上で、小論文作成の実践力を習得していきましょう。

Ⅰ　定期試験と資格試験の違い

　大学生が小論文を書く目的は、大学での定期試験もしくは公務員試験に代表される就職試験のいずれかという場合が多いでしょう。

　大学の定期試験では、講義で理解したことや研究の成果をまとめます。事前に課題や範囲が提示されていて、準備が可能なケースがほとんどでしょう。大学の定期試験で課される小論文では、科目や研究分野ごとの「知識・理解」が見られていることになります。採点には単位修得のための基準が設けられており、点数に応じて成績評価が与えられます。

　一方、公務員試験は、あるテーマや課題に対する「思考・意見」を主張するものです。知識や理解があるのは前提とした上で、どのように考えているか、いかに説明できるかということが見られるわけです。さらに、合否を判定する（採用）という目的があるため、一般常識として通用し、社会的にも正しいと判断される見識を示した上で、文章としても優れていると評価される必要があります。つまり、定期試験が「研究」であるとすれば、公務員試験は「探求」であると言えるでしょう。

　小論文はいずれも、あるテーマ・課題に関して自分の考え方や意識を説明するという共通点を持ちますが、その論述のしかたには大きな違いがあ

ることを認識しておきましょう。

Ⅱ　高評価を得るための三つの鉄則

ⅰ．社会性をスキルとして身につける

　優れた小論文は、書き手が社会情勢や時事問題に精通していて、そうした視点を的確に盛り込んでいます。そのためには、日頃から新聞を読んだり、ニュースサイトに目を通したりした上で、自分なりに考えたことを話したり書いたりする習慣が必要です。また、その考えが自己本位でない、社会性のあるものにするために、家族や仲間はもちろん、より多くの人を含めた社会と関わり合うことが大切です。社会性を身につけると、社会の中での自分の立場を客観的に理解できるだけでなく、他者の視点も意識できるようになります。物事をさまざまな角度から捉えることができるようになり、社会で起こっている出来事からも多くの見識を得て、判断する力が養われます。

　社会情勢や時事問題に目を向けられるようになると、「妥当な解決（策）は何なのか」ということを考えるようになります。これがすなわち、社会性を身につけるということでもあります。たとえば、「なぜ自分は大学で勉強するのか」という疑問も、社会に目を向けるきっかけになるはずです。このような身近な疑問であっても、「社会の中に生きる自分」として考えることで、これまでには考えつかなかった発想や視点を得ることができます。

　社会性が身についてくると、今までは気づかなかった問題について「妥当な解決策はあるのか」「正しい方向性とはどのようなものか」などと考えられるようになります。こうした思考作業ができるようになると、社会性がどんどん磨かれていき、だれもが納得する優れた意見を持つことができるようになります。

　小論文で示すべきテーマ・課題には、それぞれに必ず原理や原則があり、価値基準を備えています。たとえば、大学の風紀を良くしようとする場合、

強制的なルールを作るといったようなことではなく、学生自らが進んで風紀の改善に努めた方がよいという価値観に至るはずです。このような社会的な価値基準は、社会性を身につけていなければ理解しえないことでもあるのです。小論文の目標とは、みなさんが社会性を身につけ、自分なりの価値判断に基づいて論理的に考え、具体的な対応策を考えられるようになることと言っても過言ではないのです。

ⅱ．自分なりの価値観を身につける

社会性を身につけるためには、法令や条例と、一般常識や道徳の2種類のルールを意識する必要があります。法令や条例などはルールとして広く認識されていますが、一般常識や道徳は時代や地域によっても違いますし、個人の価値観によっても違いがあります。たとえば、電車の中でのマナーや友人との約束を守るといったモラルなども含まれます。こうしたルールに対する考え方は、価値観や経験に基づいたものであるだけに、小論文の格好のテーマともなりえます。

自分なりの価値観を備えるためには、物事に対して納得いくまで「考え抜く」習慣が重要です。そして、その価値観に社会性があることが評価につながります。さまざまな事柄を深く「考え抜く」には、コツがあります。「考え抜く」とは、小論文で課されるテーマや問いに対して、「**頭の中で情報と知識を加工して何らかの意味合いを得る**」作業のことです。未知の事柄について、既知の知識に基づいて新しい意味を創造して発信するのです。これが小論文における文章化です。

この文章化の作業はだれでも無意識にやっていることで、それほど目新しいことではありません。たとえば、最も簡単なのは「比べる」ことです。すでに知っているパターンと似ていないか、違うのはどこか、それはなぜか、などを比較して考えてみることで新しい意味の発見につながります。二つのものの意味を「分かつ」ことがすなわち「分かる」ことでもあります。

iii．科学的なモノの見方を取り入れる

ここでの「科学的」とは、主張に論理性があり、証明が可能であることを指します。

たとえば、次の三つの例を見てください。

> ① 無農薬野菜はすなわち「安全である」という疑わしい神話
> ② リサイクルの過程で排出される汚染物質
> ③ 「和牛」肉と「国産」牛肉との区別

いずれも一読しただけでは、意味をすぐ理解するのは難しいでしょう。しかし、次のように考えるだけでも「科学的」な視点を得る第一歩になります。

> 【解説】① 無農薬栽培の野菜だからといって、それがすなわち安全であるとは限らない。その野菜に害虫や菌が繁殖しているようであれば問題である。
> ② リサイクルは、環境保全に効果的な活動であるが、リサイクルの過程で大気汚染や廃棄物排出が横行しているようであれば問題である。
> ③ 「和牛」は指定された品種の牛であれば飼育場所はどこでもよい。一方、「国産牛」は3か月以上国内で飼育された牛であれば品種はなんであってもよい。

科学的な文章にするためには、自分の文章を批判的な視点で読み返すとよいでしょう。**自分の考え方や論述を疑ってみることで、論理性に欠ける部分を発見する**ことができます。

小論文では、主観的な視点や非科学的な見方は禁物です。たとえば、「いじめを取り巻く環境を改善するための対策」という論題で考える場合、単に「いじめをする側が悪い」「いじめの被害者はかわいそう」といった浅い議論で完結しては、内容が薄すぎます。論題には「取り巻く環境」と挙げられているわけですから、いじめが起きているとされる環境全体の問題

として捉え、当事者間だけでなく第三者や周囲の状況も含めて俯瞰することが大切です。もしかしたら、その年代に幅広く共通する問題や、社会全体の課題など、普段気づかないようなところに原因が潜んでいる可能性もあります。そのため、思いつきや主観で述べることを控えると同時に、入念な反証作業を行うことで科学的な主張につなげることができるのです。

Ⅲ 小論文スキルアップのステップワーク

あらかじめ、いくつかの出題テーマを想定して対策をしておくことが小論文の最善の準備になります。最終的には、60〜80分といった短時間での文章作成を目指しますが、最初は時間をかけて着実に作成していくとよいでしょう。

はじめは、以下のステップワーク・プロセスを参考に、小論文作成を心がけましょう。

1．情報収集

> テーマ・課題に関する問題や背景を調査し、原因や現況を明確にしながら、自分なりの問題意識を立てる

ここでの作業の目的は、テーマや課題に対して自分なりの問題意識を持つことです。主な作業は、①知識・情報を収集するための検索・調査、②現状・背景を理解した問題意識の形成、の二つです。

はじめのうちは、課されるテーマ・課題に関して深く理解していなかったり、詳しい知識を持っていなかったりして、問題や課題に対する答えをどのように導き出せばよいか迷うことでしょう。そこで、テーマ・課題に関してインターネットや関連著書で調べることが必要です。その際、検索方法にも十分留意しながら（pp.102-103参照）、できるかぎり正確な知識・情報を入手しましょう。

関連する知識・情報を十分入手できたら、次の段階として、疑問に感じたことをリストアップして自分が調べる問題点を絞り込んでいきましょう。そもそも**小論文で論述を求められるテーマ・課題には、それなりの問題や課題が潜んでいる**ものです。ほとんどの場合は、下調べをしている段階で、自然と問題意識が浮かび上がってくるはずです。テーマや課題がどのような論述を求めているかを考えながら、自分の主張をイメージしていきましょう。ここではテーマ・課題と自分の知識・情報、そして問題意識を結びつけることが重要です。

小論文スキルアップのステップワーク・プロセス

1. 情報収集 (pp.165-166)	2. 問題分析 (p.167)	3. 構成整理 (pp.168-170)	4. 文章論理化 (pp.170-175)
テーマ・課題に関する問題や背景を調査し、原因や現況を明確にしながら、自分なりの問題意識を立てる	意見を形成しながら、その根拠を抽出して、自分なりの主張へと補強していく	具体的な主張や展望を結論づけ、文章全体が一貫した内容になるよう全体の構成を整える	読み手を意識して、論理的な説明になるように文章化していく
↓	↓	↓	↓
知識・情報を得て、課題やテーマに自分なりの問題意識を持つことができる	問題の根本を分析でき、主張へつなげる根拠・理由づけができる	自分の主張や展望が受け入れられるように、明確な結論づけと論理展開ができる	明瞭な論述法で、読み手を説得する文章展開ができる

ステップワークで習得できるスキル

2．問題分析

> 意見を形成しながら、その根拠を抽出して、自分なりの主張へと補強していく

　ここでの作業は、前項1で形成された問題意識を自分の意見、すなわち主張として組み立てます。小論文では、事実や理由、証拠などの根拠を提示して、自分の主張に説得力を持たせる必要があります。

　「根拠」とは、思考や意見の裏付けとなる「理由」や「原因」のことです。読んだ人が納得するように、信憑性を持った文章にしなければなりません。そのためには、事実提示や例示などの客観的情報、推論や仮説などの論述、あるいは数値やグラフ・図などのデータなど複数の根拠を用いて説得性を高めます。

　説得性を高める小論文にするためには、次の点をチェックします。

① 自分が知らない事実はないか。
② 自分の思考や意見に同様の、もしくは類似している前例が過去に存在していないか。
③ 自分の思考や意見は、工夫されていて現実的な考え方・発想になっているか。
④ 自分の思考や意見の矛盾や盲点を指摘される可能性はないか。
⑤ 読み手が納得できるように、論理的でわかりやすい説明になっているか。

　この作業は、小論文作成の訓練段階におけるスキルアップ・プロセスです。実際の試験では、このような完璧を目指した根拠づけは難しいかもしれません。しかし、上記1～2のステップを習慣づけることで、次の3～4の作業がスムーズになります。

3. 構成整理

> 具体的な主張や展望を結論づけ、文章全体が一貫した内容になるよう全体の構成を整える

　小論文における主張と展望は、結論部に欠かせない要素です。
　そもそも小論文のテーマには、広く社会で起こる事象に関することが取り上げられます。したがって、社会の現況や話題になっている政策を理解することから始めます。そして結論部では、自分の主張や展望を明確にします。そのために重要な基本事項は、次の二点です。

> ① 現況や政策に関する<u>合理的な対策（言及）</u>が打ち出されていること（主張）
> ② 改善や解決に向かう<u>現実的な推論</u>が打ち出されていること（展望）

　主張や展望では、改善が期待できるような内容を示さなければなりません。そのため、小論文で「主張＝対策」として、「展望＝推論」として、論述するのがよいでしょう。たとえば、「小学生がスマートフォンを持つことの問題について（教育問題）」という課題に対しては、「小学生が閲覧すべきでない<u>サイトをすべて禁止すればよい（主張）</u>」「小学生同士のコミュニティでも使いやすい<u>児童用の情報通信機器を開発すればよい（展望）</u>」といった、実現可能性が低く身勝手な論述は受け入れられません。この課題は教育問題ですから、家庭教育や学校教育、あるいは社会教育で可能な対策や推論が期待されているのです。
　このように、提示すべき主張や展望を予測した上で、自説を展開することが大切です。

結論部での主張と展望の一例

主張例①

　高齢社会が国民にもたらす負担は、今後も一層大きくなると推測される。行政の役割とは、負担が偏ることのないよう、高齢者を社会全体で支えるシステムを作ることである。行政が高齢者と共に支え合える仕組みづくりをしていくことで、安心して暮らせる社会・地域を構築できると考える。

主張例②

　地方自治体には、住民がゆとり・生きがいを持ち安心して生活ができる街づくりが求められている。高齢者に対する施設やケアサービスの拡充だけでなく、レジャーや生涯学習の場を充実させるなどの配慮もしなければならない。

　自治体は、住民のニーズに応える形で行政を運営していくと同時に、住民の将来を先導する役割として方向性を示していく必要があろう。そのためにも、住民の理解を得て、住民ニーズを汲み入れながら地域を活性化していくことが求められるのである。

展望例①

　コミュニケーションには大きく分けて、①他者に情報を伝達する、②他者を動かす、③他者と信頼関係を築き、維持発展させる、という三つの意味がある。メールやパソコンなどの非対面コミュニケーションツールへの依存は、コミュニケーションが持つ意味の中でも、特に①と③を問題としている。この問題を改善していくためには、私たち自身が日頃から、性別、年齢、職業が異なる人とのコミュニケーションを積極的に行うなどして、対面コミュニケーション能力の向上に努めるべきだと考える。

展望例②

　医療が民間によって運営されているアメリカでは、医療費や医療保険が極端に高いため、医療サービスの格差が広がり、社会問題化している。多くの人々は、自費で医療サービスを受けられないため、公共の救急治療に頼り、救急部門では大幅な赤字が生じている。
　昨今、日本の救急医療では、いわゆる「たらい回し」や「受け入れ困難」などの課題がある。この背景には、医療環境の不備や専門医の不足、あるいは医療を受ける患者側の問題もあるため、一概には言えない部分もある。今後は、救急搬送の有料化が現実化していくことも想定する必要がある。

4．文章理論化

読み手を意識して、論理的な説明になるように文章化していく

　小論文は、読み手に対して論理的な説明がされていることが重要です。そのために使われる手法として、「三段論法」「四段論法」があります。論理的な説明が苦手な人でも、論法に沿って論じていくことで表現の幅を広げていくことができます。
　以下は、三段論法や四段論法の例です。論理的で説得力ある文章になっていることを確認しながら読んでみてください。

論理的な文章作成を助ける論述法一覧

名称	PREP法 (Point Reason Example Point)	用途	文章全体のどの部分でも
意図	要点をよりわかりやすく伝えるための手法		
各要素の記述法	Point（P）　簡潔に要点を伝える、結論を示す Reason（R）　「Point」の理由・根拠を詳しく説明する Example（E）　具体的な事例を挙げて説明する Point（P）　「Reason」「Example」の説明をつなげて結論づける		
文章例			

　コミュニケーションの基本は、人と人が顔を合わせる対面コミュニケーションだと理解している。近年、メールやLINEなどのSNSが普及し、その利便性や気軽さからコミュニケーションのあり方も変容した。とりわけSNSに代表される非対面コミュニケーションのあり方は、大学生として注意すべき点もある（P）。

　電子媒体を利用した非対面コミュニケーションは、たしかに相手と顔を合わせず気楽に情報や言葉のやり取りができる。緊急の連絡や事前の確認など、リアルタイムでのやり取りを必要とする場合には特に重宝する。しかし、SNSの利便性に任せたコミュニケーションでは、他人のブログへの書き込みが事件につながったり、特定の情報が拡散したりといった情報ネットワーク上のリスクも考えなければならない（R）。

　最近では、ツイッター、フェイスブックなどのSNSを利用して広報や営業を行う企業も増えてきている。また、プライベートでもSNSを利用することが頻繁になり、私自身も通学途中の電車内や帰宅後の自室で、友人との携帯メールに興じることが多い。つまり、コミュニケーションにおいてSNSを利用することが必然になったということであろう（E）。

　私たちは、携帯電話やスマートフォンを利用して非対面コミュニケーションを図っていることを、時折は意識する必要がある。さもないと、知らない間に電子媒介に依存した人間関係を構築してしまうおそれがあり、非対面コミュニケーションツールへの依存を招くだけでなく、対面コミュニケーション能力の低下を招くことも考えられる。公私を混同させない注意や、ツール・機能を使い分ける工夫などを意識して利用することが対策の一つになると考える（P）。

名称	SDS法 (Summary Detail Summary)	用途	序論から本論にかけて
意図	あらかじめ要約や概要を伝えるための手法		
各要素の記述法	Summary（S）短い要約を伝える、概要を簡略化して示す Detail（D）　要点を詳しく述べる、詳しい説明をする Summary（S）再び要約・概要を強調して述べる		
文章例			

　2011年3月11日の東日本大震災は、国・地方自治体の防災体制について深刻な教訓をもたらした。とりわけ津波被害を想定する防災対策については、直後に教育機関でも「自助」についての教育が見直されるなど、防災対策の課題が浮き彫りになったと言える（S）。

　このような自然災害が、いつ、どのような形で我々の前にその姿を現すのかは予測できない。したがって、行政機関としても常に受け身の立場で防災対策を考えるほかない。しかしながら、対策の内容としては、被害を最小限に抑える想定で、国・都道府県・市町村間の緊急時の緻密な連絡体制の構築、住民に対する災害発生情報の連絡方法など、災害時の危機管理体制を整備しておくことが考えられる（D）。

　防災対策では、災害時の貴重な経験を風化させることなく、防災意識を持続させる必要があり、そのためには、日常的に行政と住民の間の信頼感の醸成と緊急時の行動マニュアルを周知徹底していくことが必要となろう（S）。

名称	DESC法 (Descride Express Suggest Consequence)	用途	本論から結論にかけて
意図	解決案や対策をわかりやすく伝えるための手法		
各要素の記述法	Descride（D）　客観的な説明を組み立て、状況をわかりやすく説明する Express（E）　意見・主張を提示し、問題点や課題を挙げる Suggest（S）　「Express」の解決案・対策を提示する Consequence（C）結論付け（展望・目標）を述べる		
文章例			

　近年、企業合理化のための人員整理が頻繁に行われ、非正規社員が増加していることが目立っている。非正規社員の再雇用は、低賃金で雇えることに加え就業経験が豊富な人材であり、企業側にとって有益になる（D）。雇用の観点から考える場合、雇用形態や利益追求について企業側の立場も認識しなくてはならない（E）。

　このような状況の中で豊かな社会を実現するためには、現代社会がより多くの人々の就労意欲や業務能力の発揮を通じて支えられることを自覚した上で、単に自分の生活の安定や経済的な満足を求めようとするのではなく、社会との関わりを意識して「個人と社会の豊かさ」を目指すことが理想である（S）。

　今後の日本社会の発展にとって、経済成長は引き続き重要であるが、それは市場において評価される国内総生産のみを競うものであってはならず、さまざまな価値が尊重され、人々の精神的な充足がもたらされる社会が望まれる（C）。

名称	SMART 法 (Specific Measurable Achievable Realistic Time-related)	用途	本論 (組み替え可)
意図	目標や展望を論理的に伝える方法。計画的に実践する必要を訴える場合に用いる		
各要素の記述法	Specific（S）　　　テーマ・課題を具体的に示す Measurable（M）　具体的な数字や明確なデータを示し、測定値を提示する Achievable（A）　現実的に到達できる目標を段階的かつ明確に示する Realistic（R）　　現実的な意見や成果に基づいた情報を示す Time-related（T）具体的なプランとして、期限や時間設定を明確に提示する		
文章例			

　近年の日本は、子育て問題や高齢者医療などのような、世代に関わる数多くの課題に直面している。内閣府の高齢社会白書（平成26年度）によると、日本の総人口は3年連続で減少しているが、高齢者人口は増加傾向にあり、全体の25％に達している。高齢者の割合は過去最高であり、今後も高齢者人口は増加を続けると推測されている（S）。

　「団塊の世代」が75歳以上となる平成37年には、高齢者人口は3,657万人に達すると言われている。そして、その後も増加を続け、平成54年に3,878万人でピークを迎え、その後減少に転じると予測されている（M）。

　この高齢化率の上昇は、私たちの生活そのものにも影響を及ぼすと考えられる。総人口が減少する中で、高齢者が増加することにより、平成54年には3人に1人、平成72年には2.5人に1人が高齢者という推計になる。一方で、出生数は減少を続けており、平成72年には791万人と、現在の半数以下になると推計されている。これらのデータにより、平成27年には現役世代（15〜64歳）2.3人で高齢者1人を支えるという社会になる。さらに平成72年には、1.3人で高齢者1人を支える比率になる（A）。

日本は、平均寿命や高齢化率が世界で最も高い長寿国であるが、この状況下においては、高齢者が自らの責任と能力において自由で生き生きとした生活を送ることがさらに重要になってくる（R）。
　これからの高齢化社会を考えていく上では、国立社会保障・人口問題研究所による、「2030年に75歳以上の後期高齢者が2,266万人になる」との推計に基づき、高齢化の進行とともにさまざまな課題を考えなくてはならない。高齢者の生活面では、後期高齢者が社会との関わりを持ちながら楽しく充実した生活を送るために、高齢者の社会参加にも配慮し、都市部におけるバリアフリー化（インフラ整備）などにも早急に対応していく必要がある（T）。

Ⅳ　身近な議題で小論文を作成し、検証してみる

　それでは実際に小論文を書いてみましょう。ステップに沿って書き込んでいき、文例も参考にしながら、小論文の書き方を練習してみてください。

課題1 社会人としての心構えについて自由に述べなさい。

ステップ1　「社会人としての心構え」として思いついたことをいくつでも挙げてみよう。

ステップ2 上から一つを選んで文章にしてみよう。

_____
_____
_____
_____
_____
_____

ある学生は、「社会人とは自立している人間のこと」というアイデアを選び、文章化しました。

学生解答の一部

> 真の社会人とは、大人として精神的にも経済的にも自立している[1]人間のことを言う。ただ年齢が成人に達しているからというものではなく、また仕事があり社会に参加しているからというものでもない。帰属する社会に対して、一定の貢献を果たしていることが人間が[2]社会人と言える。それに[3]、自己の生き方や人生設計において確固たるものを備え、自立していることが条件となる。
> 　大学生としては、社会人前の大切な時期であり[4]、社会人となる要件を満たせるように努力したい。そして、今からでも社会への貢献をしながら、他人や社会のために役に立てるように、自己研鑽に努めていきたいと考える。[5]

ステップ3 学生解答への添削解説で考えてみよう

①抽象的表現の解説

　小論文では、みなさんの主張を読み手に理解してもらい、納得してもらうことが重要です。上の解答では「精神的にも経済的にも自立している」の具体的な説明がどこを探しても見当たりません。そのため抽象的な主張

に終始してしまい、共感することのできない内容になってしまいました。

> 添削例
>
> 　自立とは自分なりの職業を持ち、それによって自分の生活や家族の生活を支え、社会の一員として責任を持って社会に参画していることである。

②助詞の正しい使用

　助詞は、使い方を誤ると文意が正しく伝わらず、また文章全体の信頼性を損なうことになるため、必ず読み返して間違いのないように推敲しましょう。「が」のような主語を表す助詞は慎重に使います。

③接続詞の活用

　「それに」は「それに加えて」を省略した口語的な表現ですので、小論文に使う接続詞としてはふさわしくありません。「それ」「これ」などの指示代名詞は使いすぎないようにしましょう。ここでは、「そして」や「さらに」などの**順接（付加）の接続表現を適切に用いる**ことで、読み手の理解が得られるでしょう。接続詞は、論理的でわかりやすい文章を作成する上で、重要な接着剤の役割を果たします。

④論理の飛躍

　社会人としての自立について述べていた前段落から、いきなり書き手である自分の心構えに展開してしまいました。飛躍しすぎてしまうと読み手は感情移入することができません。論理が飛躍しないように、丁寧に順序立てて述べる意識を持ちましょう。

⑤段落構成でつなげる

　段落構成とは、簡単に言えば「改行」を適切に用いることです。段落が意味のまとまりになるように、論理の展開に合わせて改行する必要があり

ます。また、次の段落が「起承転結」のいずれであるかが読み手に伝わるように、接続詞を工夫するのもいいでしょう。

　例文では、段落間のつながりがよくわかりません。段落と段落の間にもう一つ段落を挿入するか、後の段落を前段とつながる内容に修正するのがよいでしょう。たとえば、

1、社会や他者との接点を持つことの重要性
2、社会との結びつきにより責任が生じること
3、法律を守るだけでなく、社会的責任を果たすこと
4、社会に貢献する必要性
5、自身の社会人としてのあるべき姿

というように順序立てて論述していくことで、最終的に決意表明を述べれば読み手にも納得してもらえるでしょう。

ステップ4　解答例と見比べてみよう

　社会人とは、社会において自立している人間である。つまり、自分なりの職業を持ち、それによって自分の生活や家族の生活を支え、社会の一員として責任を持って社会に参画していなければならない。社会の一員としては、社会が抱えるさまざまな問題に積極的に取り組んでこそ、その構成員と成りうる。また時に職業を離れ自分の損得や利害のためでなく、NPOの活動支援やボランティア活動のように、社会に貢献するような行動も必要である。

　さらに社会人は、社会との接点を持っていなければならず、就業することにより社会や他者と関わり合い、直接的にも間接的にも社会とつながっていることが望ましい。他にも、主婦のように、家事労働や育児などを通じても社会と結びついていると言える。つまり、社会人であることは、その職業の如何にかかわらず、社会との結びつきを自覚し実践していることが重要である。

　このように社会人とは、社会との結びつきを自分なりに明確にす

ることによって、社会への参加義務や責任が生じる。社会は、個人と個人とが支えあって成り立っているのであり、社会に参加し、社会に対して責任感がなければ、社会人とは言えないだろう。そして、社会に対して責任を持つということは、単に社会のルールである法律を守るということだけでなく、社会に対して積極的に働きかけ、倫理観を持ち社会的責任を果たすことである。

　私が考える社会人としてのあるべき姿は、人間として自分の生き方を持ち、他者に対しても思いやりがあるだけでなく、自分なりの努力を惜しまず、他人から尊敬される人間である。そのような人間を目指すことで、社会に対して関心と責任を持ち、社会に働きかけ行動できる社会人であることにつながると考える。

課題2 コミュニケーションにおいて大切なこととはなんでしょう。

ステップ1　二つの冒頭文（序論）を比較して考える

学生が作成した冒頭文

　私たちが社会で他者と共存するためには、他者と向き合うためのコミュニケーションが不可欠である。その意味でコミュニケーションとは、他者と意思疎通を図る目的や、情報を共有し合う目的において重要である。そして、民法でも経済的な自由が認められていることから、取引や交渉を行う上で自分の意思・意見を伝えるという目的で、特にコミュニケーションが基本となる。

教員が作成した冒頭文例

　人間は、他者と共生しなければ生きていくことができないため、他者との関わりは避けようのないものである。他者と関わり合うことは、公私に関係なく必然であり、時にお互いの違いを理解し合う

ことが不可欠になる。
　私たちは、たとえば仕事上での営業活動や生活用品を購入するときなど、必ずと言ってよいほどコミュニケーションをとっている。つまり社会で他者と共存しながら、互いがなんらかの目的で向き合うためにコミュニケーションを図っている。

ステップ2　二つの本論を比較して考える

学生が作成した本論（一部）

　コミュニケーションとは、<u>自分の感情や思考を再認識する手段</u>[①]である。コミュニケーションという言葉は、「他人と分かち合う」を意味するラテン語に由来する。『広辞苑』では、<u>「社会生活を営む人間の間に行われる知覚・感情・思考の伝達」と定義されている</u>[②]。一般的には、他者との会話や意思疎通を指して使われることが多い。我々は日常生活において、ごく自然な形で他者と言葉のやり取りをする。そのやり取りの中で、自分の意志を他者に伝え、他者からその考えを聞くという、情報の共有化を重ねていく。

　ではなぜ、人はコミュニケーションを図る必要があるのか。それは、人間が他者と共生しなければ生きていくことができないからである。人が社会の中で生きていく以上、他者との関わりは避けようのないものである。たとえば、コンビニでおにぎりを売っているのも他者であるし、隣に住んでいるのもまた他者である。<u>そうした多くの他者と共生していくためには、意見の交換が必要不可欠である。自分がどう考えているかを伝え、相手に理解してもらう。時に賛同してもらえることもあれば、対立することもある</u>[③]。その場合は、双方が意見をぶつけ合い、時には譲歩して互いに納得する。

　そして、他者に自分の意見をわかってもらうためには、自分自身がその意見を理解する必要がある。<u>日々のコミュニケーションの積み重ねの中で、他者の意見を知ると同時に、自分自身の感情や考えがどのようなものであるかを知ることが重要</u>[④]である。

教員が作成した本論（一部）

　最近では、若者を中心に携帯電話やスマートフォンを利用し、ツイッターやフェイスブックなどのSNS等の非対面コミュニケーションが広まっている。コミュニケーションの基本は、人と人とが顔を合わせる対面コミュニケーションだが、メールであれば気軽にやりとりができ、楽で便利という理由からついSNSに頼ってしまう。しかし、こうした非対面コミュニケーションの慣習化は、注意しなければ携帯電話依存を招きかねず、また対面コミュニケーション力低下の一途をたどるものである。

ステップ3　学生が作成した本論（番号付き文章）への添削・解説を見る

①単なる辞書の引用ではない明確な定義

　最初にコミュニケーションの定義を打ち出し、その後でどのような意味で、なぜそのようなことが言えるのかを解説しています。ここでの大きな間違いは、狭義での定義になっていることです。つまり、「自分の感情や思考を再認識する手段」は一つの意味であり、コミュニケーション全体の定義ではありません。

　「一つの意味として」などの条件説明が付いているのであれば、反論する余地はありません。しかし、この内容はあくまで手段の一つとして言えることであり、コミュニケーションの意義は、他に複数あると容易に考えることができます。

　定義を述べる際に大切なのは、概念の内容を限定し、かつ明確に述べることです。そのため、この文章は、筆者の主観に過ぎないと判断されかねないと言えます。

　たとえば、

> 人と人とが思考や意思、感情などを何らかの手段で伝達し合うこと

とすれば、だれもが納得するコミュニケーションの定義を述べていることになります。

②辞書や検索サイトの引用はご法度

ここでは、「コミュニケーション」がラテン語に由来する「他人と分かち合う」という意味で紹介されています。問題は、『広辞苑』に記載されている内容を引用している部分です。

辞書に記載されている内容は、基本的にだれもが知りうる情報です。したがって、引用の価値としては、高くないと判断されかねないことを心得ておきましょう。

引用する場合は、作法に従わなければなりません。しかし小論文試験では、参考文献を持ち込むことができない場合が多いので、正確に引用を用いることができません。また辞書や検索サイトで掲載されている内容をそのまま使用するだけでは、自分の考えがないと判断されてしまうので注意しましょう。

ここでは、自分が調べたことをそのまま記述するのではなく、自分なりに「コミュニケーション」について、探求した内容を論述すべきでしょう。たとえば、次の例文のように表現します。

コミュニケーションは、そもそも「分かち合う」という意味も持つ。私は、そのことから大きく分けて、他者に情報を伝達する、他者を動かす、他者と信頼関係を築く、という三つの意味があると考える。

このように、自分なりの考え方も盛り込んで論理展開すれば、読み手も納得するのではないでしょうか。

③説得方法の選択

説得するための方法を考える時には、大きく分けて二つの方法のうちのいずれかを選択します。それは、「論理」をつなぎ合わせていくか、「一文」

でまとめるか、の二つです。この部分の文章は、前者であることがわかります。

　内容自体に大きな間違いはありません。しかし問題は、そのつなぎ合わせ方にあります。この部分は、「意見交換が必要→考えを伝える→賛同や対立が伴う」の三つで構成されています。これは、コミュニケーションでの一事例を示しているに過ぎないため、さらに良い文章にするためには、一例一文で表現するのがよいと思われます。

　この場合には、「コミュニケーションは、もともとお互いの価値観や意見を共有することで意味をなしている」や、「現代社会の中で、受発信を通じて自分固有の価値観を再認識できるということもまた、コミュニケーションが持つ特徴」などと説明すると簡潔になるだけでなく、説得力が増します。

④課題の答え方

　この結論部分は、課題に答えているという点で評価できます。このような結論であれば、良い評価を得ることができるでしょう。

　小論文でまず気をつけたいのは、文章の一貫性と課題への解答という二つの軸です。出された課題に対して、一貫した答えを論述できれば、読み手（課題を課した方）の質問に答えたことになります。

ステップ4　これまでのステップを総合して作成した解答例

　人間は、他者と共生しなければ生きていくことができないため、他者との関わりは避けようのないものである。他者と関わり合うことは、公私に関係なく必然であり、時にお互いの違いを理解し合うことが不可欠になる。

　私たちは、たとえば仕事上での営業活動や生活用品を購入するときなど、必ずと言ってよいほどコミュニケーションをとっている。つまり社会で他者と共存しながら、互いがなんらかの目的で向き合うためにコミュニケーションを図っている。また、自分の知ってい

る情報を伝えたり、相手からの情報を理解したりと、互いに思考や意思、感情などを伝達し合うことも大切である。

　最近では、若者を中心に携帯電話やスマートフォンを利用したツイッターやフェイスブックなど、SNSによる非対面コミュニケーションが広まっている。コミュニケーションの基本において大切なことは、人と人とが顔を合わせる対面コミュニケーションだが、メールであれば相手と顔を合わせずにすむため、容易で便利という理由からつい携帯電話に依存してしまう。しかし、こうした非対面コミュニケーションへの依存は、対面コミュニケーション力を低下させる要因である。

　「コミュニケーション」という言葉は「分かち合う」という意味も持つ。そのことからコミュニケーションの目的は、他者に情報を伝達する、他者を動かす、他者と信頼関係を築く、という大きく三つに分けられると考えられる。

　私たちはコミュニケーションにおいて、それぞれの目的を達しようとしている。そのためには、コミュニケーションのさまざまな形態が持つ意義を認識することが大切である。メールや電話での非対面コミュニケーションと、相手と実際に会う対面コミュニケーションとの性質の違いを理解するとともに、それぞれの特性を使い分けたコミュニケーション能力を養成していくことが、これからの時代に求められる優れたコミュニケーションのあり方だと考える。

課題3 安全に暮らせる都市と防災行政のあり方について、危機管理対策をどのようにしたらよいか、あなたの考えを述べなさい。
（消防官採用）

　実はコミュニケーションには、私たちが普段意識していない事柄も含まれています。それはリスク・コミュニケーションです。
　リスク・コミュニケーションとは、人々の生命や健康を脅かすような影

響が懸念される事柄について、行政・企業・専門家・市民で意思疎通を図り、正確な情報を共有し合うことです。情報の共有を図ることで、災害や事故が起きた時のリスクをできる限り減らすことを目指します。これは、東日本大震災や福島第一原子力発電所事故、あるいは豪雨・河川氾濫の水害などの影響により、近年再び強く意識されるようになっています。

　私たちができるリスク・コミュニケーションとしては、たとえば行政や企業がHPなどで紹介している災害に対する備えを調べ、**自助能力を高めておく意識**が大切でしょう。そのためにも、普段からニュースに触れ、情報・知識を収集する習慣を身につけたいものです。

課題4 少年犯罪の防止にどのように取り組むべきか、あなたの考えを述べなさい。
(警察官採用試験：平成19年度)

校正後の小論文：評価A

　わが国は、先進国の中でもきわめて治安の良い国であり、犯罪件数も減少傾向にある。少年による犯罪は減少しているが、ツイッターやブログ等で個人のプライバシーをさらすことやインターネットを悪用したいじめなど陰湿な事件が出現している現状がある。ネット社会特有の少年犯罪では、当事者である少年に目を向けるだけでなく、少年を取り巻く環境をどのように改善し、いかに更生させるか、またいかに少年たちを犯罪に関わらないように守るかが課題になる。

　少年非行の防止のためには、社会全体で見守ると同時に、家庭や学校で適切なしつけや教育を与えることが効果的であるとされている。また、少年がブログに書き込んだ一言が原因となった事件があったが、ネット社会におけるサイバー空間においては、だれしもが加害者にも被害者にもなりえるため、知らない間に事件に巻き込まれてしまう可能性がある。これらは現代社会特有の教育課題である。

私は少年が犯罪に至る要因の一つに、家庭や地域といった少年を取り巻く環境の変化があると考える。家庭環境や地域共同体の変容により、これまで家庭と地域が共に作り上げてきた地域の社会環境や教育体制が失われつつある。
　このような環境の変化は、人間関係の希薄化をもたらし、少年のモラル低下、自制心や思慮分別の欠如などをもたらすであろう。たしかに少年犯罪は、少年自身の問題であることは言うまでもないが、この責任は少なからず大人の側にもある。
　警察は少年が犯罪の被害者にも加害者にもならないよう、見守りと指導を行うべきである。その際、地域社会や教育当局とも連携しながら、少年の人権に配慮することが重要である。地域の治安や環境の向上による安全の保障と、「教育」の観点からの指導を実践することで、少年たちをさまざまな犯罪やトラブルから守ることにつながると考える。

《評価コメント》
　犯罪やトラブルから少年を守る環境を考える場合、特に「教育」の役割は大きいと言えます。たとえば、覚せい剤や危険ドラッグに関しては、それがいかに害悪をもたらすかを教育することが重要です。一例として、小・中学校に警察官を派遣し、薬物に関する教育の機会を設けることが考えられます。
　少年犯罪を厳密に取り締まる、あるいは懲罰化するといった視点ではなく、いかに警察が少年の教育にあたっての役割を果たせるかという視点に立つとよいでしょう。

V　小論文作成演習

以下、**1〜6**は、どれも大学生が身近な問題として考えるべきテーマです。将来の日本が直面する課題として、これから社会人になるみなさんには問題意識をもって取り組んでいただきたい事項です。社会への問題意識を抱くことを意識して取り組んでみてください。

課題1　住みやすい街づくりについて、あなたの考えを述べなさい。

　住みやすい街とは、**Q1**　その（　　　6字　　　）が機能し、自然環境や（　2字　）環境、さらには（　　4字　　）が充実した街のことを言う。

　たとえば、今日における環境問題は、廃棄物処理問題や大気汚染、水質汚濁など身近な生活から地球環境問題にまで広がっている例もある。これらの環境問題には、私たち住民一人ひとりが密接に関わっているが、他方では、企業も環境への責任を持っており、これは社会的責任が伴う重要な課題の一つである。つまり、企業もまた、環境問題改善の責務を担っていることになる。

　企業が健全な企業活動を続けるためには、**Q2**　20字程度　　　　　　

ことで、その基盤にある社会とともに発展を図ることが基本となる。これによって企業が住民とともに、より良い社会を実現し、持続可能な社会を構築できるのである。

　他にも、企業の持続的発展には、企業自らの社会貢献が不可欠である。企業が社会の信頼を得るためには、環境問題への配慮だけでなく、社会への貢献も期待される。このような社会的責任を一つひとつ果たすことで、企業は市場や社会から支持され信頼を得られる。その信頼関係により、私

たち消費者も企業の商品を優先的に購入するという行動につながっていく。

　このような企業努力によって、自社のイメージ向上が期待できるだけでなく、社会の一員として市場の支持を得ることにつながる。そのためにも、地域社会や市場からの意見に耳を傾け、積極的な対話を行い、住民との協働を通して地域課題の解決に向かうことが期待される。これにより、地域力が強化されるとともに共助社会が築かれ、総合的により良い街づくりに向かうであろう。

　こうした企業と住民が一体となった取り組みが波及することで、<u>Q3 人々の暮らしを支える（　　　6字　　　）が構築され、それが円滑に機能すれば、私たちの安心が保てる（　　　9字　　　）を推進できると考える</u>。

> **解答例**
>
> **Q1**．その（地域での生活）が機能し、自然環境や（社会）環境、さらには（生活環境）が充実した
>
> **Q2**．社会において環境への配慮としての責任を果たす
>
> **Q3**．人々の暮らしを支える（社会システム）が構築され、それが円滑に機能すれば、私たちの安心が保てる（住みやすい街づくり）を推進できる

課題2 豊かな社会とは何かを考え、実現のために必要なことを述べなさい。

（上級職員採用試験：平成21年度）

　日本は、国内総生産の国際比較から、現在でもアメリカや中国に次いで経済大国の一つであると言われている。しかし、国内総生産などの国の経済的規模を表す指標は、あくまでも経済的、あるいは物質的な部分について、一つの国全体の状況を表現するものである。したがって、社会の構成員である私たち一人ひとりの「豊かさ」を厳密に表すものとは言い難い。たしかに、そもそも「豊かさ」とは、一般的には経済的、あるいは物質的

な意味で不足がないことを意味している。しかし、社会が豊かであると言うためには、物質的数値で社会全体を判断するのではなく、私たち一人ひとりが <u>Q1（　　2字　　）を実感できる状況にあり、これを客観的に判断すること</u>が必要である。

しかしながら私たち個々人の「豊かさ」は、あくまでそれぞれの主観によるものであり、主観を数値化して指標とすることが困難である。また対極にある貧しさの判断基準も、単純な経済基準によるものでもない。つまり「豊かさ」は、経済成長など物質的な豊かさの拡大によって支えられているだけでなく、社会を構成する一人ひとりの精神的な充足感に依拠するのである。

今や国民生活の豊かさは、人々の精神的な充足が重要な要素となってきている。これは、さまざまな人のつながりや協力によるものでもあり、これにより心豊かな地域社会を形成していくことで経済活動を支え、経済成長をも促している。こうしたことがもとで、一人ひとりの働くことの意味も改善されていくだろう。

私たちは、自分たちの生活を自分たち自身で成り立たせていくことを念頭に置きながらも、<u>Q2 一人ひとりが仕事に（　　4字　　）を見いだし、自分の（　　5字　　）を発揮しながら、個性豊かな（　　4字　　）を全うすること</u>が必要になると考える。

解答例

Q1.（幸福）を実感できる状況にあり、これを客観的に判断すること
Q2. 一人ひとりが仕事に（やりがい）を見いだし、自分の（知識や能力）を発揮しながら、個性豊かな（職業生活）を全うすること

> **課題3** 今後、公共の場におけるマナーを向上させ、他者への思いやりに富んだ社会を構築していくためにはどうしていくべきか、あなたの考えを述べなさい。
>
> (東京都職員採用試験:平成22年度)

　私たちは、法律や条例の下、社会とともに生きていて、それぞれの地域で生活している。また法的なルールだけでなく、マナーやモラルといった倫理観もまた社会で生きるために必要不可欠なことである。

　たとえば、昨今の青少年の犯罪が減少しない背景に、公共でのマナーやモラルの低下を見ることもできる。社会における倫理観は、子どもたちの社会にも影響を及ぼすと考えられる。つまり、社会全体のマナー・モラルの低下が子どもたちに反映されているとも捉えることができるのである。

　このように今の子どもたちのマナーやモラルが低下している原因には、**Q1**（　　　　　10字　　　　　）が希薄化していることがあり、それが大人にも欠落していると推測できよう。たとえば、公共交通機関の乗車のしかたや自転車の安全で適正な利用、落書きやゴミのポイ捨て禁止など、日常に目を向ければ、私たちの生活には守るべき事柄が多く存在する。東京都は条例を定めているため、マナーに違反する行為は違法となる場合がある。問題は、本来模範的な存在であるはずの大人が、公衆としてのマナーやモラルに関して率先して守ろうとしているかに疑問の余地があるということである。

　大人が率先してマナーやモラルを高める意識を持たなければ、子どもたちのマナー・モラルの低下につながることは必至であろう。

　この現状を改善するためには、都政が地域団体や住民と協力して、子どもたちに目を向けた**Q2**（　15字程度　　　　　　　　　　　　　　　　　　　）に取り組まねばならない。具体的には、青少年の育成に関する相談窓口を開設することや、戸別訪問を通じて事態を把握し、適切なアドバイスをするなどの対策をすべきであろう。また、住民同士が触れ合える文化交流の企画、スポーツ交流等の機会の提供・支援などを積極的に行うことで、地域の共同体意識を高めることにも貢献できる。

これにより、Q3 地域社会の中の（　　4字　　）を築き、（　　5字　　）を促進する役割を果たせるものと考える。

　地域社会が一体となることで住民同士の交流が深まり、他者とのつながりが生まれる。地域におけるさまざまな機能を活かした取り組みを増やすことで、地域の共同体意識が強まり、それが規範意識の高まりにつながると考える。公共の場におけるマナーの向上を推進することも大切だが、それだけでなく子どもたちを地域や社会全体で守り育てるという「地域の教育力」を作り上げることで、社会全体の規範意識を高めQ4 地域社会の安定と繁栄を図るだけでなく、（　10字程度　　　　　　　　　）の構築に寄与できるものと考える。

解答例

Q1． 他者を思いやる気持ち
Q2． 青少年の健全育成や非行化防止
Q3． 地域社会の中の（信頼関係）を築き、（共同体意識）を促進する
Q4． 地域社会の安定と繁栄を図るだけでなく、（思いやりに富んだ社会）

課題4 インターネットを利用した犯罪とその予防策について論じなさい。

(警察官採用試験：平成20年度)

　日本は、世界でも有数の経済大国として繁栄し、技術開発や製品開発に取り組んできたことで目覚ましい発展を遂げてきた。この経済的発展や物質的繁栄は、今日の情報化を確立させた。しかし、この高度情報化社会が先進国特有の問題を引き起こすようになってきている。その典型が一部の人々の Q1（　　　　6字　　　　）によって起こるインターネット犯罪である。

　インターネットの悪用による犯罪や詐欺は、近年特に目立つ社会問題でもあり、他にも禁止薬物や銃器の取引・使用など、これまでには見られなかった特徴的な犯罪もある。

　たとえば、インターネット犯罪には、ネットを利用して家族を装った詐欺事件や、ネット上での自殺幇助・集団自殺のサイト開設など、ネットを通じて Q2（　　　　6字　　　　）を逆手に利用した犯罪が多い。さらに禁止薬物に至っては、ネットを通じて容易に取引できるとも言われている。

　もともと日本におけるITやネットワーク・コミュニケーションの進展は、市民の生活の利便性の向上、さらに健全な企業のビジネスチャンスの拡大のために考えられ、開発されたからこそ実現した。しかし実情に目を向けると、誇るべきITは情報の盗用や漏洩、禁制品の密売などに利用されることもあり、犯罪を助長する道具として活用されてしまう側面も持ってしまっている。犯罪に手を染める行為者は、青少年育成や社会への悪影響などを省みることなく、ただ己の悪しき欲望の充足と利欲の追求のみに利用している。

　警察も含めた行政機関は、このような現代特有の犯罪を抑止・抑制するためにも、人々のモラル向上のため、保全と事態収拾に毅然として取り組む必要があろう。近年、ITに関する法整備が進みつつある中で、表現の自由や個人のプライバシーの保護という私的な問題への注目・関心が忘却さ

れようとしている。そういったIT環境下でも、警察には、 Q3 （　　5字　　　　　　　　）や（　　　　6字　　　　　）の保護という観点から、犯罪に対して、 Q4 50字程度

_____徹底した体制づくりが求められると考える。

解答例

Q1. モラルの低下
Q2. 非対面の特性
Q3. 公共の福祉（や）青少年や住民（の保護）
Q4. 常に責任を追及できるような法整備が課題となるだけでなく、市民の協力も得ながらIT環境を監視できる

課題5 ワーク・ライフ・バランスの推進が求められているが、この施策に対する所感と、この施策を推進するためにどのような取組が必要か、あなたの考えを述べなさい。

(職員Ⅰ類、上級職員：平成24年度)

解答例（主要部）

　ワーク・ライフ・バランスとは、社会の一人ひとりが充実感を持って仕事をしながらも、家庭や地域などにおいて多様な生き方を選択し、実現できることを意味する。つまり、仕事と生活の調和である。しかし現実には、非正規雇用の増加により経済的自立が困難な労働者がいて、また一方では過重な労働により、心身に問題を抱えてしまう労働のあり方も問題視されている。そのような労働条件の中で、子育てや介護を両立することを目指すとなると、必然的に生活への困難が生じることになる。

　これらの状況を改善するために、平成22年に「仕事と生活の調和推進官民トップ会議」において、仕事と生活の調和推進のための行動指針が掲げられた。その行動指針では、2020年を目標に14もの指標が挙げられている。その中には、年次有給休暇取得率を47%から70%に引き上げる目標や、出産前後の女性の継続就業率の引き上げ、さらにはフリーター数を50万人程減少させることなどがある。

　この指針では、昨今の非正規雇用の増加や若年層の失業率悪化など、社会問題となる背景がある。たとえば、適正な労働時間が守られない現状や、育児休業の申請が取りにくい職場環境などが風潮としていまだに残っている企業もある。

　このような問題をなくすためには、企業の就業環境を改善する取り組みが重要である。具体的には、企業における正規雇用の割合を義務付け、あるいは罰則規定などを設けるなどして強制的に実施すべきである。

　こうした対策を社会全体で行い、ワーク・ライフ・バランスの推進に向けた取り組みを慣習化していくべきである。国や社会が、仕事と生活の調和が取れるような環境づくりと、安定した雇用の確保を率先して行うこと

によって正規雇用が増加し、すべての人々が経済的な安定感を得られるだけでなく、仕事と生活の両立が可能となる働き方も実現しやすい社会となるだろう。

課題6 高齢者が安心して暮らせるために行政が取り組むべきことについて、あなたの考えを述べなさい。(国家Ⅰ種:平成23年度)

解答例（主要部）

超高齢社会となった日本では、今後、労働力人口が減り、生産性が低下し、経済が衰退していくという見方がある。その結果、税収入が減ることで社会保障などの行政サービスの低下を引き起こすことも考えられる。

こうした社会問題を解決していくためには、労働力人口の確保のために「高齢者の雇用拡大」が必要である。日本の高齢者の労働意欲は高く、また長年の就労経験で培ってきた能力や技術を業務に活かせる高齢者も少なくないはずである。そこで行政には、こうした高齢者の意欲と能力を活かすために、企業と共に若者や中年層に継承できるような雇用制度を促進することが求められる。

たとえば、65歳以上の社員を再雇用している会社もある。この会社では、高齢者を照査業務として雇い、ミスや欠陥などの削減に成功して、製品の品質が向上した。また勤務時間についても、週3日出勤やフレックスタイム制を導入し、本人や会社の都合に合わせて、負担を軽減しているケースもある。

このように、高齢者の持つ能力を有意義に活かす方向で再雇用を考えていけば、高齢者が無理なく働け、企業にとっても都合の良い雇用体制を築くことができる。各企業が事業の内容に応じて対策を講じると共に、行政側もさまざまな情報を積極的に提供し、協力していく必要がある。

おわりに

　本書執筆は、私の学会発表を弘文堂編集部の外山千尋さんにご覧いただいたのがきっかけでした。その発表は、「学生の文章力を添削によってどのように向上させるか」という課題に限ったものであり、もともとの出発点は学生の文章力養成を目標にした教科書作成だったわけです。その後、外山さんの助言により、たくさんの方々に読んでいただける『社会で活躍するためのロジカル・ライティング』を出版する運びとなりました。

　本書が、高校生や大学生だけでなく、ふだん文章でのコミュニケーションを必要とされている方々にとってもお役に立てていただけたら幸いです。

　本書を出版するにあたっては多くの方にお世話になりました。

　立正大学法学部の位田央先生には、本書を監修いただく中で、特に例文作成にあたり行政法と人権の見地から貴重なアドバイスをいただきました。

　解答例として文章を提供してくれた鎌田あかり、北澤滉希、澤野未来、長野ゆずか、野平直克、山仲香純、横澤晃彦、吉田優の各氏には、学生の視点から率直な意見をいただきました。

　編集を担当してくださった弘文堂の外山千尋さんには、この場を借りて厚く御礼申し上げます。

　最後に……この本を手にとっていただいた皆様に心から感謝いたします。

西谷　尚徳

教員用指導案をさしあげます

本書をテキストとして使用していただける先生方に、指導用の資料をさしあげます。紙幅の都合で掲載できなかった文法の説明や、ワークのヒントなどをまとめました。ご希望の方は弊社までご連絡ください。

〒101-0062　東京都千代田区神田駿河台1-7
（株）弘文堂編集部　『社会で活躍するためのロジカル・ライティング』担当
TEL　03-3294-7003　　メール　info@prestep.jp

著者紹介

西谷尚徳 にしたに・ひさのり

立正大学法学部准教授、修士（教育学）
1982年生まれ。明治大学文学部文学科卒業、明星大学大学院人文学研究科教育学専攻博士前期課程修了。楽天イーグルス、阪神タイガースで6年間選手として活躍。退団後、高等学校（国語科）講師及び大学講師を経て、2016年4月より現職。
専門は初年次教育、大学国語教育、教育社会学。

著書
『国語表現Ⅰ』成文堂、2013年
『国語表現Ⅱ』成文堂、2014年

社会で活躍するためのロジカル・ライティング
――自己分析と文章力の養成

2016（平成28）年4月15日　初版1刷発行
2022（令和 4）年4月15日　同 2刷発行

著　者　西谷　尚徳
発行者　鯉渕　友南
発行所　株式会社 弘文堂　　101-0062　東京都千代田区神田駿河台1の7
　　　　　　　　　　　　　TEL 03(3294)4801　振替 00120-6-53909
　　　　　　　　　　　　　https://www.koubundou.co.jp

デザイン　高嶋良枝
印　刷　三報社印刷
製　本　井上製本所

© 2016 Hisanori Nishitani. Printed in Japan
JCOPY〈(社)出版者著作権管理機構 委託出版物〉
本書の無断複写は著作権法上での例外を除き禁じられています。複写される場合は、そのつど事前に、(社)出版者著作権管理機構（電話 03-5244-5088、FAX 03-5244-5089、e-mail：info@jcopy.or.jp）の許諾を得てください。
また本書を代行業者等の第三者に依頼してスキャンやデジタル化することは、たとえ個人や家庭内での利用であっても一切認められておりません。

ISBN978-4-335-95038-4